受付とか…
どこにあるんだろ
ぬっ
どこからともなく
現れるおじさん
ハロー
名前は…
予約サイト番号は…
滞在日数は…
え
ここで？
駐車場で
手続きを始める
3人とも
最終日には
戻ったことを
報告に来てくださいね
じゃないと
行方不明に
なったと思って
捜索願を
出さなきゃ
いけなくなる
からねー
HA HA HA

捜索願？
キャンプ場で？
じゃ
楽しんできて
BYE
冗談かな？
笑ってるし
森に入る前に
ベンによる荷物の
重さチェック
合格です！
ほ
Good
初めての人は
荷物が
重くなりがちで
最終的にベンが
持つ羽目に
なるのよね
ミアより
軽いかもよ
いざ
初カナダキャンプ！
小さなトレイルを
歩いていきます

根っこごと
倒れた巨大な木
鹿
鳥
ヘビ
カメ
このカメ
よく見るね
さわり
たーい
カミツキガメ
だから
指もぎ
とられるよ
ゾッ…
さわらなければ大丈夫

これはビーバーダム！
森に住むたくさんの動物たちに出会えます
でもこの調子だとクマにも遭遇しそう
この公園に生息するブラックベア（アメリカグマ）
Black Bear
基本は人が苦手で人の声が聞こえると逃げるらしいのですが…
2人はハイキング中にクマを見かけたことあります？
ないない絶対ない
あったらこんなところ歩かない
僕は2、3回ありますよ
ええっ
近距離で目が合ってしまったので背を向けず
クマを見ながらゆっくりとその場を去りました
心臓がバクバクいってヤバかったです

死んだふりとか
走って逃げるのって
やっぱダメ……？
目の前の人間が
いきなり死んだら
不思議がって
確かめに来るのでは？
それにクマは
時速50㎞で
走れるので
絶対逃げられません
自動車
?
クマ対策に
おススメなのは
クマよけの鈴
チリン
チリン
かばんに
下げる
それでも実際に
遭遇し
さらに襲われそうに
なったら
クマスプレー
ただパニックになって
使えないケースが多く
あわわ
そもそも
取り出せ
ない
わあ
風向きが逆
初心者は
持たないほうが吉

ザア
しばらく歩くと
流れの速い川が
ここの大きな
岩の上で休憩

2人は
トレイルミックスや
リンゴを丸かじり
カナダ人っぽい
トレイルミックス…ナッツやチョコレートが
ミックスされている
腹持ちが良いスナック
Trail Mix
スーパーには
たくさんの種類の
リンゴが。Fujiも人気。
私は2人からの
リクエストで
おにぎりを
持ってきました
私は梅！
梅干し
おかか
卵のふりかけ
日本語を教えていると
びっくりするくらい
おにぎり
食べたい！
作り方
教えて！
の声が
寿司は70年代から
カナダでも
食べられていて
メジャーでしたが
おにぎりは
庶民的すぎて
レアアイテムでした
今もたぶん
そう
すっぱいよー
私 梅干し
大好きだから
大丈夫よ！

私のおばあちゃん
日本人だから
え！
知らなかった
早く言ってよー
だって日本語
できないのが
コンプレックスでさ…
そういう
もんかー

ザ
川の水が透明すぎて
魚がよく見えます
ザーザーと
急流の音もすごい
ザア
風が
気持ちいいな…
ザア
カナダに来てから
必死すぎて
心に余裕が
なかったかも

カナダ人は
おおらかな人が
多いように
感じてたけど…
移民の人もみんな
もしかしたら
日頃から自然と
ふれ合っているから
なのかもしれません
ザァーーー

この川の人気スポット
滝の滑り台
大人も子どもも
遊んでいます
キャー
キャー
今日の
見所です!
こんなに人が!!
道中 誰とも
会わなかったので
びっくり
ザァーー
ドドドドド
落ちる場所は
大人でも
足が届かない深さ
カナディアン・キッズ
おそるべし

そして引き続き小さなトレイルを歩きます
少し日が暮れてきた
何時間歩いたかな？
実は道に迷っていたらしく
片道10キロメートルのところ倍以上の距離を歩いたようです（6時間かかった）
何も言わなかったベン…
迷うのになれてるから気にならない
今度から自分でも地図を見よう…
ここだ！湖の前！
夕方頃ようやく目的のキャンプサイトに到着
ワー!!
疲労で感動も半減
へと
へと
ベンは元気だな〜

…って
ほんとにここ？
し〜ん…
ねえ
なんでここが
サイトって
わかったの？
ベン
まちがえて
ない？
ほら
ここ
木に予約サイトの
ナンバープレート
214
えっ…
これだけ？
受付小屋
シャワー・トイレ
ご近所さん
ニーゆーの
は？
管理人さん
とかは？
そんな人
いないいない
いない!? じゃ
ここには誰も
いないんじゃ!?
いないよ
私たちだけ
じゃ
緊急の時
どうするの？
携帯もつながらないし…
バッ

捜索願出すよ
ここに来て
ようやく
あの言葉に
合点がいく私
あれマジだったんだ…
マコ先生
それなんです！
がし
バックカントリー
キャンプの目的とは
都会の喧騒を
離れて
山の奥の奥
そう
携帯なんか絶対
つながらない所に
わざわざ出向き
自然と
共存する
ことなんですよ
緊急時なんて
僕がいる以上
ありえませんが
もしそうなれば
この僕が全力で
お守りします！
ひょろ〜ん
不安…
さあ 暗くなる前に
テントを
張りますよ！

それさえ終われば
なんでも好きなことを
していいですから…
このアメイジングな
大自然の中で!!
ハ…ハイ…!!
このハゲた一角に
張りましょう
長方形に
不自然に
ハゲている
テントを張るのは
ハゲた所のみと
決まっています
ハイ
コレもって
ハイ
コレ
やって
みんなが好きな所に張ると
自然を壊してしまうからだそうです
テント完成
ふー

キレイな景色
だなー
よくがんばって
ここまで
来たもんだ
しみじみ
ザザザ…
…なんだか
まるで私たち３人だけ
取り残されて
しまったみたい…
ざざ…
ざざざ

自分って
なんてちっぽけな存在なんだろう
広い空の下壮大な森の中で感じた感情はとても強烈で
こんな気持ちになるのは初めてだ…
今でも忘れられません
さぁ泳ぎましょう
そのために湖の前のサイトを選んだのです！
Powerful

OK!
どこから
そんな元気が!?
そもそもこの湖
足つかなそう
気にならないんだな…
カナダの人は
足のつかない所でも
平気で何時間も泳ぎます
バシャ
バシャ
ぷかー
どうやら小さい頃から
コミュニティーセンターなどで
質の高い水泳レッスンを
受けているようで
子ども用レッスンも
たくさん!
値段も安い
カナダ人の水泳レベルは
かなり高そう
さすが
だなー
私は焚き火を
作って2人を
見守っておくよ
焚き火の作り方
知ってるんですか?
え 適当に
木の枝を
燃やせば
いいんじゃ
ないの?
まさか!
焚き火を甘く
見てはいけません
私がお教えしましょう!

ペコの焚き火講座
焚き火には3種類の木が必要です
ファイアウッド
Firewood（薪）
キンドリング
Kindling
ティンダー
Tinder
マコ先生は乾燥した葉っぱや木の皮を
ミアは親指くらいの太さの枝を
僕は大きな薪を
探します
両手いっぱいに集めてください
もちろん生きてる葉っぱや木の枝を取ってはいけません
ファイヤーピット
焚き火専用の石で囲った場所
焚き火をする時も自然保護のためファイヤーピットのみで行います！
※ ①ティンダーと②キンドリングを最初にくべる人もいます
木は一気にはくべません
まずティンダーに火をつけてから順番にくべて火を移していきます
ファイアウッド
Firewood
③
キンドリング
Kindling
②
ティンダー
Tinder
①
①に火がついたら
②をくべる。
②に火が移ってから
③をくべる。
ティンダーに着火

いったん薪に
火がつけば
そのまま数時間
もちます！
おおー
薪1つで2～3時間
もつので
6～8つあれば
理想的ですね！
朝も冷えるので
朝使う分も
考えましょう
寝る前は
湖の水をかけて
完全に消火！
バシャー
これでPERFECT!!

バシャ
バシャ
2人とも
気持ちよさそう
私もいつか…
パチ
パチ
ジャバーン
!?

何!?
なんと巨大な角を持ったムースが湖に飛び込んだのです
2人とも
バシャ
バシャ
あ…
すい〜っ
バシャ
バシャ
カナダのキャンプではこんなこともあるんですね
初めてです
死ぬかと思った

夕飯は袋にお湯を注ぐだけのフリーズドライ食品
ジャーー
BACKPACKER'S PANTRY
Pad Thai
460
2
3
アウトドアショップにはたくさんの種類が
カレー
スパゲッティ
リゾット
などなど
私はパッタイをチョイス
ぞぞ〜っ
1食千円でちょっと高いけどすごく便利
軽い！ボリューム満点おいしい!!
宇宙食でもありますね！
日本は地震が多いからどこの家にも置いてあるんじゃない？
たしかに非常食にもよさそう
デザートには焼きマシュマロ
木の枝の先を尖らせてマシュマロをさし
キャンプファイアーで炙ります
一回転させながら炙る

これが本当に難しくて10個ぐらい無駄にしました
焦げた
落とした
でもたのし～～っ
HA HA HA HA HA
カナディアン・キッズレベルですね～
甘くてトロけておいしかったです
そしてこれがスモア！
チョコ
クラッカー
焼きマシュマロ
あま――い！
クラッカーとチョコがダブルで強烈!!
ダークチョコレートにするのもおススメ
これを食べられただけでもキャンプに来た価値があったかも
あ
ねえミア

あの…
トイレって
どうしたらいいの？
ああ
小だったら
適当にテントの裏に
でもしといて
テントの裏って…
いいの？
だって暗いし
ひとりで遠くまで
歩いていきたくないでしょ
見ないから安心して！
ちなみに
大をする時は
穴を掘って
中にして
埋めて
その上に
土や葉っぱを
かぶせ
その場所を
一緒に来た人に
知らせるまでが
マナーです
踏んだら最悪ですから!!
結構ハードルが高いマナー
掘る
する
かくす
知らせる
ここにしました
さて 寝る前に
ひとつ大事なことが
夜になると
クマが出るので
食料や残飯は
全て木に吊るします
ハミガキ粉や
ソープも念のため

ベンがみんなの食べ物をひとつの袋に入れ
地面からの高さが4mが理想らしい
木に吊るしてくれました
テントの中に入れたままだとクマが入ってくる可能性があるってことか…
怖…
やっとテントに入り寝袋へ
リュックを枕にする
日中は30℃前後ですが夜の森は夏でも10℃前後
寝袋って気持ちいい
ホクホク〜
−10℃までOKの寝袋
でもやっぱ慣れないし早く朝になってほしいな…
おやすみー！
パッ

オオ〜〜ン
直後
オオオオン
ワオ〜〜〜〜ン
サイト中に響き渡るオオカミの遠吠え
……オオカミって
オオーン
テントの中の人間を襲ったりするの？
5〜6匹いるよね…？
オオ〜
……日本人が大好物らしいよ
………じゃミアもだね…
私25％だから先に100％のほうを襲うと思うよ
ワオオ〜〜
グルル
ヒイィィィ
怖くて一睡もできませんでした

―翌朝―
おはよう！
コーヒー作るよ!!
ああ…
また火起こし
からか…
げっそり
これ持って
来てるから
ガスバーナ
コンロ
フレンチ
プレス
!!
はい
早
なんで!?
素晴らしい！
ありがとう～！
文明の利器で
優雅な（？）
コーヒータイムを
終えた後……
3人とも
とても疲れており
2泊3日の予定を
1日早く切り上げて
帰りました
ギブアップ
です
がんばりすぎた…

1		
2	3	4

アルゴンキン州立公園（オンタリオ州）

1. カヌー巡りが楽しい広大な湖。
2. バックカントリーはテント内からの景色が最高！
3. 自然の中での優雅な朝食で贅沢な時間を。
4. カヌーの船上より。鏡のように澄んだ水面。

1ドルショップで見つけた

お役立ちキャンプアイテム

日本の100円均一同様カナダでもおなじみの１ドルショップ。
そこで気軽に買える便利アイテムをご紹介。

文・小倉マコ

虫よけネット　Insect net

キャンプ仲間から勧められた虫よけネット。最初見た時に「こんなの被れない〜」と笑ったのを覚えています。でも、蚊が多いキャンプサイトでは、これを被っていないとサバイバルできないほど、虫よけ効果バツグンです。コンパクトなのも嬉しい！

光るブレスレット　Glowing bracelets

コンサートでも使用される光るブレスレット。チューブを折り曲げたら光り始めるケミカルライトです。電池要らずで、ひと晩中光ります（森の中にあるキャンプ場は温度差が激しく、携帯電話のフラッシュライトに頼ると、すぐに充電がなくなるので要注意！）。ネックレスタイプもあるので、暗くなったら首から下げられてとっても便利。

スモアスティック　S'mores sticks

木の枝を探してマイ・スティックを作るのが面倒な時に、これがお役立ちです。先っぽにマシュマロを刺して、火に炙るだけ。ひとつ厄介なのは、使ったあとにマシュマロがびっしりこびりつくこと。周りのカナダ人キャンパーたちは、こびりつきを焚き火で燃やして、炭の状態にして片づけていますよ。

おうちで再現！

カナダの名物キャンプめし

文・小倉マコ

［スモア］

カナダ初キャンプで一番感動したのが、この章で登場するスモア！　そもそも私、実はマシュマロ自体が苦手でおいしいと思ったことがなかったのですが、周りから、だまされたと思って食べてみろと言われ…炙ったマシュマロを口の中に入れると、このとろーりと溶ける食感が驚愕のおいしさ！　そして、この炙りマシュマロとチョコをクラッカーで挟むと、口の中で一体何が起こるのか！？　ぜひご自宅で、オーブントースターを使って試してみてください。

材料

⋆マシュマロ　適量
⋆板チョコレート　適量
⋆グラハムクラッカー
（またはお好みのクッキー）　適量

作り方

❶ マシュマロを500 Wのオーブントースターで30秒から1分くらい、きつね色に焦げ目がつくまで焼く。
※機種や設定によって温度が変わるので、様子を見ながら焼いてください。

❷ ①と適度な大きさに割ったチョコレートを、グラハムクラッカー２枚で挟んでできあがり。

ひと言メモ

北米では、グラハムクラッカーが一般的に使われます。日本ではカルディやコストコなどの輸入食材店で売られているようです。また、オレオクッキーもＧＯＯＤ！　オレオクッキーは既にクリームが挟んであるので、中のクリームを取って使う人が多いです。日本だったら、ラング・ド・シャ・クッキーで代用してもよさそう。甘めのクッキーを使うとデザート感がさらにＵＰして、コーヒーとの相性もバツグンです♪

初めての大自然キャンプ

カナダで初めての大自然キャンプは、ワクワク、ドキドキするよりも、大丈夫なんだろうかという気持ちのほうが大きかったです。

そもそもテントの中で寝られるんだろうか？

2泊分の荷物を背負ってハイキングなんてできるんだろうか？

カナダ人はみんなやっているって本当なんだろうか？

頭の中にはいろんな「?」マークがあるものの、こればっかりは、実際に挑戦してみないとわからない。せっかくカナダに来たのだから、とりあえずやってみようと、首を縦に振ったのを覚えています。

実際に体験した時は、めちゃくちゃ歩いたし、疲れたし、寝られなかったし、怖かったし、不便だし、なんでこんな修行みたいなことをわざわざしてるんだろう？　これのどこに楽しみを見出すんだろう？と、正直あんまり良さが理解できませんでした……。

でも森の中にいる時に、いろいろな発見がありました。

川の水に反射した太陽の光がとてつもなくキラキラしていたり、透き通る川に魚の群れが気持ちよさそうに泳いでいたり、広大な森の中にひとり取り残されたように感じて怖くなったり……。体がマックスで疲れている一方で、心もマックスでいろんなことを感じている。

そしてとにかく、今を生きなきゃ！と思ったのを覚えています。今考えると、当時は将来ばかりを気にしていた地に足のついていない生活だったので。

それを皮切りに、また森に、キャンプに、行ってみようかなと思うようになりました。なんだか新しい発見があるかもなーなんて思って。

Chapter 2

第2章 ポワソン・ブラン広域公園（ケベック州）

ポワソン・ブラン広域公園
（ケベック州）
The Poisson Blanc Regional Park (Quebec)

Website https://poissonblanc.ca/

オタワから100キロメートルほど北にあるポワソン・ブラン広域公園は、ケベック州ローレンシャン地域のポワソン・ブラン湖（白魚湖）に位置しています。〝無人島〟に宿泊できるユニークなキャンプ場として知られており、そのキャンプ地は島や半島にあって、一部を除きアクセス方法はボートのみ。1グループがひとつの島を使えるので、自分たちだけの世界を感じられます。電気や水道がなく、孤立した広大な水域でのキャンプは、現代人にとってスペシャルな体験となるでしょう。希望すれば氷や薪、消耗品などを届けてくれるサービスもあるので、安心してリラックスタイムを楽しめます。立地を生かしたカヌー、釣り、カヤック、SUPなど湖上のアクティビティも十分に堪能でき、夏のキャンプに最適なスポットです。

一生に一度は
無人島に住んで
みたいと思わない？
考えたこと
なかったな～
でも面白そう！
映画みたいで
それがたったの
4千円だったら
もう行くしかないでしょ
そうだよね！
……え？
あるの？
そんなとこ
ありますよ～
マコ先生
スッ…
でも無人島なんて
どうやって行くの？
カヌーを使います！
カヌーに
キャンプ用具を
のせて
僕たちだけの
無人島に行くんです
ぎょっ
キャ
キャンプか…

キャビンなんてないですか？
キャビンがあったら無人島でサバイバルの意味がないです!!
電気も水道もガスもあってくれては困ります！
ベンはちょっと大袈裟だけど
食料とテントを持っていって島でまったり過ごすって感じだよ
あとなんといっても4千円だし（3人で）
ハンモックとかのりたい…
無人島でまったり…いい響き…
あと4千円
カヌーキャンプは先住民から伝わった歴史あるキャンプスタイルなの
マコちゃんも体験しておきたいんじゃない？
今回はスモアよりもっとおいしいキャンプ食をお出ししますよ～

ぜひご一緒させてください！
ということでやってきましたポワソン・ブラン（白魚湖）広域公園!!
面積85平方キロメートル
数百ある島のうちの約50島からひとつを丸ごとレンタルできます！
事前にウェブで島選び
今回はミア一押しのサイトを選びました
常連だそう
受付がお洒落なログハウス!!
前回とえらい違い!!

Bonjour
カナダといえどもここはフランス語圏のケベック州
フランス語が公用語です
Bonjour
英語
なので英語なまりのフランス語を話すと
相手が気を利かせて英語で返してくれるよ
ちなみに日本語なまりのフランス語を話しても普通にフランス語で返ってくるので
ぼんじゅー
?
フランス語
やば!わかんない!
Bonjourには最初からHelloで返し英語で話してもらいます
予約の確認とキャンプ場のルールの契約書にサイン
契約書
・焚き火は決まった場所でする
・生きている木や枝を切り倒さない
・ゴミは全て持ち帰る
・他人に迷惑をかけない
などなど
ルールを破った場合は予約時に使用したクレジットカードに罰金が加算されます
1万円~
掃除費・修理費含

まさに自然に関心のない人のためのルールですね
えーとえーと
自分ひとりくらい違反したって大丈夫……と思ってやってしまう人がいるんでしょうねぇ
ひとりで済めば問題ない話ですが…
それが10人になり100人になるんですよね
マコ先生はしっかりとお読みになってくださいー
ぬっ
自然に還ると言いながらこないだ梅干しの種を森に捨てましたからね…
種だから〜
ギクッ
先生僕の言ったこと覚えてますか？
ハイ！
Take nothing but pictures, leave nothing but footprints. Ben
とっていいのは写真だけ!! 残していいのは足跡だけ!!
心得ております!!

そして地図を渡され
予約した島の位置確認
POISSON BLANC
現実味が増してきた…
やっぱ不安だな～
地図片手に
舵取りなんて
初めてだよ～
湖に出てみたら
わかりますよ
百聞は一見に
如かずです
携帯もつながるし
見回りもかねて
スタッフが
各島のログに
一度は立ち寄るので
安心してください
完全に近代文明から
シャットアウトされる
わけではないんですね
ほ
ねえこれ
かわいい♡
おそろいに
しようよ！
poisson
blanc
へえ～いいね！
poisson
blanc

今日これ着よっか！
あねえベンも…
sister hood～♪
もう着てる
これください
出た…！試着したまま支払い
もう開いてる
こちらではレジでたまにある光景です
けっこうびっくりする
CHIPS
次にレンタルショップでカヌーをピックアップ
ライフジャケットも
長さ4.5m
重さ20kgくらい
（荷物は250kgまでOK）

波止場まで担いでいきます
重っっ
なのにひとりで担ぐ人多し
女子まで…すごい！
ほんとに同じカヌー…？
ぜ
ぜ
波止場までのたった100メートルが永遠のよう…
ササササ
波止場にカヌーを停め荷物を積みます
濡れないよう防水バッグや防水バレルが便利
特にスマホには必須
前部席と後部席の間にバランスよく

前部席↓後部席の順に乗り込む
緊張!!
うしろで押さえる
乗るのは結構難しくて
グラ
グラ
湖に落ちそうなくらいグラつく
荷物もぬれちゃう
後部席は操縦が上手な人
舵取りは主に船尾の仕事
僕たち2人の時は体重の重いミアが後部席です
私のほうがはるかに操縦が上手なんでうしろに座るよ！
操縦ができる人同士なら体重の重いほうがうしろ
カヌーの漕ぎ方（マコとミアの場合）
左側を漕ぐと右へ向く
右側を漕ぐと先端が左へ
まっすぐ行くなら左右を交互に漕ぐ
左右の担当を決めて疲れたら交替
正しい漕ぎ方かはわかんないです
参考ていどに～

いよいよ出発！
わあ～
キレイだなあ
あ魚が
一緒に
泳いでる

写真…あ
でもスマホ
落としたらやだな
いいや
体で感じて目に
焼き付けよう
すぅ
匂いも
いい天気に
なったね！
さっき
ビーバー
見たよ！
もうへとへとと～
カヤックの
人もいる
いろんな人たちと
すれ違います
パドル
ボード
ん？

うそ…犬…
可愛すぎる…!!
——とその時
ザーッ
エンジン付きカヌーが
急速で通り抜け
反響で大波に
うわ——
グラ
グラ
グラ
バッ
犬!
大丈夫!?

全然動じてない…
かっこいい
グラ
グラ
マコちゃん自分の心配して！
とりあえず波が落ち着くまでは舵を取らず
そのまま待って
すい〜っ
もし落ちたとしてもみんな浮くと思うのでご安心を
そのためのライフジャケットです
ベン戻ってきてくれたの
トプン
タプン

そうしていると
波は嘘のように
落ち着き
ほっ
漕ぐのって
楽しい
重そうだし
操縦も難しそうに
見えたけど
体力もそんなに
使わない
受付の人の
言うとおり
百聞は一見に如かず
だね〜
今回は
ちゃんと
地図も見ながら
POI
BLANC
いつの間にか
手の豆に気がつかないくらい
夢中になっていました

先住民たちはね
ビーバーの毛皮をカヌーにつめて
ヨーロッパから来る交易人たちとやかんとかナイフとか
日用品と交換してたんだよ
ビーバーの毛皮？
当時ビーバーの毛のフェルト帽がヨーロッパで大人気だったの
上流階級の人はみんなビーバーハットだったんだって
光沢感があって耐久性良し
ナポレオンなんか120個も作らせたらしいよ！
そのためにわざわざ大西洋を渡ってカナダまで……すごいな
権力の象徴だったのかもね
ビーバーの毛皮の需要でヨーロッパから土地の開拓・移住が進みカナダが建国されました
カナダの国獣ビーバー
5 CENTS
CANADA 2012
5セント硬貨
ビーバーの毛皮がカナダを作ったとも言えるかも
ファッションブランドRoots
国立公園管理機関パークスカナダ
あ！あそこだよー ビーチのあるところー！

カヌー ここに停めて！
ついに 私たちの島に到着！
バランスを崩さないように カヌーから出る時も 私→ミアの順番で
足ふわふわする
ずっとカヌーに 座ってたからね
すぅ
うわー 気持ちいいなー
バキ バキバキ
グキ ボキボキ

キャンプサイトの看板
SITE
ついに来ちゃったー♪
受付はあんなにオシャレだったけど
ここは本当に何もないオフグリッド！
島探索しようよ荷物なんてあとあと!!
島は端から端まで15分で歩けちゃう大きさ
小さな丘の上にピクニックテーブルがあったり
隣の島のご近所さんも点々と見えます
じ〜〜っ
なんで双眼鏡で…
マコ先生
poisson blanc

トイレだ!!
しかも前の人がトイレットペーパーを置いてくれてる!
やっぱ穴掘ってするのはやだよー
トイレットペーパーはないのが前提なので必ず持参
汲み取り式ボットン便所
島を一周歩き終え暗くなる前にテント張り
いつかテントもひとりで張ろう
今回もテントは決められた場所に!!
では
僕はちょっと夕飯を釣ってきます!
poisson blanc
ベンの釣った魚か…ここの魚食べられるのかな
ベンって適当な所あるし…
ロビンソンクルーソーみたい
どうか何も釣れませんように!!
全部声に出てるよ
poisson blanc
poisson blanc

大丈夫！魚釣ったの見たことないから！
ちなみにカナダの海や湖での魚釣りには入漁証が必要です
じゃ私たちはクリフジャンプしようよ！
ここ有名なんだよ
ミアできるの？
クリフジャンプ（Cliff Jumping）…高い岩から水面に飛び込む遊び
見てて！
ダッ
ドポーン
ひえ〜っ大丈夫なの!?
さすが常連
初めて行くジャンプスポットでは
ぶつかりそうな岩がないことと
水中の深さを必ず確認してね！

こちらのビーチには人気のクリフジャンプスポットがあり
Yeah～!!!
男女問わず水中にガンガン飛び込みます
空中回転とかふつう!!
親が子どもにやるようプッシュしてたりも
You can do it!!
日本なら止めるところですね
おいでよ!
ムリ……
溺れるかもだし頭を岩にぶつけるかも
すごく深いし岩もないからクリフジャンプスポットなんだよ
すごく深いのも怖いよー
私とベンが水の中に入って見てるから1回だけやってみて!
絶対ハマるよちゃんと助けるから
試さずに諦めるのもったいないですよ～

水中に落ちたら
すぐ水面に這い上がるように泳げば大丈夫ですよ
カナダの子どもたちはこうやって親にクリフジャンプを教わるんだろうか……
こんなこと教えてくれる友達なんてそういないし……
やってみたい
でも
この岩がどのくらいの高さかというと
2階建ての家の屋根からジャンプする感じ…
すっく
うわ〜こわっっ

ムリムリムリだー
やっぱ私には
できない
さあ
飛び込むのよ！
カナダに来て
習得するのは
英語じゃなくて
この
アウトドア
スキルよ!!
ミア……
ベンみたいなこと
言いだした…
私が英語に
伸び悩んでること
知ってるから…
1
2
3

ザパーン
飛び込んで
湖の中に入るのは
一瞬
自分の体が
大砲のように
ガンガン沈んでいく
ボコ
ボコ
耳に響く泡の音
ボコ
ボコ
身体中に感じる泡
ボコ
ボコ
ボコ
ボコ
どこまで沈むか
わからないので
ボコ
ボコ
水をかきながら
水面に這い上がる
ボコ

ぷはっ
わあっ
上出来だよ
ひーひー
やりましたね！
これを楽しいと思えるのは
文化の違いか感性の違いか
……それとも経験か
あと50回くらい
やったら
楽しくなるかな…
でも
できることが
増えるのって
すごくいい気分
その積み重ねが
自信になって
もっかいやろ〜
ぼくも〜
あははは
次のチャレンジへの
後押しになってる気がする

湖から上がったら
焚き火作り！
着いた！
さっそく
晩ごはんに
しましょう！
パチ
パチ
パチ
パチ
まずはブリーチーズを
アルミホイルで巻き
ファイヤーピットの上で
あたためる
簡単チーズフォンデュ
バジルとかを
のせても
野菜やクラッカーや
バゲットをディップ
して食べます
とろとろ
チーズソース♡
濡れた後の
あったかいもの
最高
おいしー♡
おなかいっぱいに
ならないで
くださいね！
まだまだ
あるから!!

お次は
ねじりパン
細く
のばす
ぐるぐる
巻く
ベシが作った
パン生地を
枝に巻きつけ
火に炙ります
ジュ〜
あっという間に
パンがモコモコふくらみ
ホクホクのパンの
できあがり！
こんなおいしいパン
初めてだよ〜
水と小麦粉と
イースト菌さえあれば
下準備も簡単ですよ！
クロワッサンや
ピザの生地でも
OK
かわいい
フワフワ〜
そしてウインナーを
焼いて食べます
やっぱり
枝につきさす
外で思いっきり
遊んだ後の
しょっぱいもの最高

最後にデザート
バナナの真ん中をナイフで切ってチョコクッキーを挟み
皮のまま
アルミホイルに包んで5分ほど焼く
チョコレートが溶けてホクホクのバナナとやわらかいクッキーが相性グッド♡
やわらかいクッキーが苦手ならバナナとチョコだけでも
みんなでワイワイ作って食べるのが楽しいキャンプめし
ひとりが料理ばかりになったら本末転倒
キャハーー
せっせっ
こんなのはさびしい
調理法もアウトドアならではで理想のキャンプめしでした
適度に手を抜くのは大切かもなー
おなかいっぱ〜い

ここで水についてご説明
この島に水道はありません

ウォーターボトルの水が必須で
1人1日4ℓ
1泊2日で8ℓ
飲み水、歯磨き、料理に使います
4ℓ
4ℓ
4ℓ
※2泊以上なら携帯浄水器も要る！

他は基本手洗いも体を洗うのも湖の水！
淡水なので塩分がなくさらっとして感覚的にはキレイ…
キャンプ用エコ石鹸もあるけどかさばるし持っていきません
どーせ明日家で洗うし…

料理に使う枝も洗わないので
ナイフで全体を削ぐ
ちょっと汚い…虫を食べちゃったら…
と言うとたいていは
何でも洗いたい潔癖症
土や虫をちょっと食べたくらいで死なないよ
逆に免疫がついておなかが強くなるよ
と言われます
poisson blanc
poisson blanc
poisson blanc

わー
すごい星の数！
日本の家族は
どうしてるかな
夜空を見て思うのは
いつもそれ
流れ星…
見えたらいいな
それだったら
オーロラのほうが
見える確率高いかもですよ！
ぎゃーっ

オーロラ？
もっと北のほう
じゃないの？
稀だけど夏に
見えることも
あるらしいよ
オーロラ天気予報もある
流れ星にオーロラ…
カナダの大自然って
幻想的…
結局どっちも
見られなかったけど
それはいつかの
お楽しみ
隣の島から
ラジオが聴こえる
無人島は
音がよく響く
うるさーい!!
ZZZ…
聞きなれた音が
心地よく
よく眠れました
（ベンを除き）

今回も3人とも
最後はへとへとで…
チェックアウト
11時!?
荷づくりする
時間ない
家に帰るだけだし
濡れちゃっても
いいや
ボン
ドサ
ボン
あ
ハンモック…
MATTARI
まったりするの…
忘れてた!
バシャ
バシャ

1
2 3
4

ポワソン・ブラン広域公園（ケベック州）

1. 受付のカヌー置き場。ロゴ入りカヌーが鮮やか。
2. 眺めのいいところにある備え付けのピクニックテーブル。
3. 小高い見晴らしの良い場所にテントを設置。
4. 無人島の船着き場。ロマンが広がります。

元カナダ・アウトドアガイド・タカに聞く！

バックカントリーキャンプ・ハック ❶

カナダ在住の元アウトドアツアーガイドが、
バックカントリーキャンプで役立つプラス情報を伝授。
焚き火のエクストラアイディアなどいろいろです。

山下 隆　（やました・たかし）

1974年1月生まれ。カナダ歴30年の元アウトドアツアーガイド。ウィスラーに住みカナディアンの友達と行ったガイドキャンプをきっかけに、登山キャンプを始める。その後マウンテンバイクキャンプ、スノーモービルキャンプ、ヘリコプターキャンプに広がり、最近はもっぱら子どもたちとオートキャンプを楽しんでいる。

1

バックカントリーキャンプは、長時間歩いたり必要最低限の設備で過ごすなど、かなりハードです。だからこそおいしい食べ物は必須。エネルギー補給しやすいのは、サラミ、トレイルミックス、エナジーバー、チョコレート。好みのフレーバーを選びましょう。

2

意外なお役立ちアイテム・その1、パウダーミルク。焚き火の際に火の中に投げ込むと、着火剤の役目をしてくれます。木が濡れていたり湿っていたりする場合は特にお役立ち。もともとの用途どおりにコーヒーのクリームとしても使えるので、一石二鳥！

3

意外なお役立ちアイテム・その2、カナダのお菓子・チーズパフ（日本でいうカールのようなスナック菓子）。焚き火に入れると、火が七色に変わります。夜に映える一瞬のイリュージョン。楽しいし、お菓子としてももちろんおいしい♪

4

焚き火の煙をかぶると蚊が寄ってこなくなります。蚊取り線香や虫よけスプレーの代わりになるので、火を消す前に浴びておくのがおススメ。

バックカントリーで見られる!?

カナダの野生動物 ❶

クマ・ビーバー・ムース

カナダといえばクマ！　数ある中から代表的なクマと、
カナダ全土に生息するビーバー＆ムースをご紹介。

文・小倉マコ

ブラックベア（アメリカグマ）

Black Bear

カナダにはいろんな種類のクマがいますが、ほぼカナダ全域に生息する一番多い種がこのブラックベア。もし森で遭遇したら、死んだふりをしたり走って逃げたりするよりも、大きな音を出すのが最も効果的だと言われています。人間の話し声の波長が自然界には存在しないことから、クマも警戒するのだとか。私も遭遇した経験があるのですが、手をパチパチとたたいたり大声を上げたり、あとから来る登山者たちと一緒になって、その場をしのぎました。

グリズリーベア

Grizzly Bear

ブラックベアよりも体が大きく茶色っぽいのが特徴。雑食性でサーモンを好みますが、食べる物の８５％は植物だと言われています。ただ、シカやムースといった大型動物を捕食することもあり、凶暴なことでも有名です。主にカナダの西側に生息しますが、自然環境の変化等によりこの 200 年ほどで生息域は狭くなっています。

ホッキョクグマ
Polar Bear

北極圏に住んでいる美しいシロクマ。生涯のほとんどを氷で覆われた海の上で過ごすと言われています。その60%がカナダに住んでおり、マニトバ州のハドソン湾に面したチャーチルは、このホッキョクグマと共存している町として知られ、ウォッチングツアーも組まれています。

ホッキョクグマと同じように白いものの、ブラックベアの劣性遺伝によって10頭に1頭の割合で生まれてくる、レアなクマです。ブリティッシュ・コロンビア州（バンクーバーがある州）のグレートベア・レインフォレストなど生息地は限られており、先住民の間ではスピリットベアとして知られています。

カーモードベア
Kermode Bear

ビーバー

Beaver

カナダの国獣。大きな前歯が特徴的で、ビーバーが生息する川や湖の近くでは木をかんだ跡がよく見られます。かみ方に特徴があるのですぐにわかります。しかも大きな木を10分ほどでかじって倒せるぐらいの威力があるので、癒やされる顔に反して殺傷力も高く、むやみに近づかないほうが賢明です。

ムース（ヘラジカ）

Moose

シカ科の仲間で、カナダ全土に50万から100万頭生息しているムース。巨大なツノはオスだけが持ち、3カ月で1.5メートルくらい伸びて毎年生え代わります。草食で水辺の草を食べたり、夏は体を冷やすため水の中でも過ごすので、湖の中に出現することもたびたびあるようです。しかも15キロメートルほど泳げるそうで、水泳が得意だったんですね。

Chapter 3

第3章
シャーボット湖州立公園
（オンタリオ州）

シャーボット湖州立公園（オンタリオ州）

Sharbot Lake Provincial Park (Ontario)

©Ontario Parks

Website　https://www.ontarioparks.com/park/sharbotlake

シャーボット湖とブラック湖という美しく澄んだ2つの湖を擁す、サマーキャンプに最適な州立公園。オンタリオ州の主要都市から気軽にアクセスでき、ほとんどの場所に車で乗り入れが可能な、カーキャンプ地として人気のサイトです。

湖周辺に樹木に囲まれた150以上のキャンプ場があり、バックカントリーキャンプ地のほか、一部電気付きの場所や、シャワーと飲料水を備えたバリアフリーのコンフォートステーションも備わっています。大型トレーラーも収容可能な、目的に合った使い方ができるキャンプ場です。湖ではハシビロコウの鳴き声を、森ではウグイスやメンフクロウなど北アメリカ大陸で繁殖する渡り鳥の鳴き声を聞くことができます。

ハンモックでまったり…
前回のリベンジしたいな〜
こんなの〜〜
自然の中
鳥のさえずり
優雅に読書
白魚湖で使い損ねたハンモック
それならカーキャンプだね
カーキャンプ？
荷物を全部車につめて自分たちのサイトまで乗りつけるの
大概トイレシャワー水道付き（共同）
…カーキャンプって人がいっぱいいますよね
いいね！日本のキャンプっぽい
読みたい本とか食べたい物好きなだけ持って!?
そうそう!!
HICKORY STICKS ORIGINAL JULIENNES A L'HICKORY
Mottainai Lifehack

ベン苦手？
せっかくですが
僕の代わりに
僕のテントを連れていってください
ありがとう…
ということで今回は
ミアと初の女子2人キャンプ♡
友情をさらに深めてきてください
…って危なくないかな？
カーキャンプなら女の子2人でも結構やってるよ
でもさすがにソロは見ない
さっそくキャンプ場選び
いつもやってもらってるから今回は私が！
目の前に湖があってサイトが他の利用客から丸見えじゃなくて
2時間以内で行けるところ…
おっ ここレビューの星の数多い
レビューサイトをフル活用

選んだのは
シャーボット湖
州立公園
電気はないサイトにしました

クレジットカードで支払いして…
Reservations
Reservation
154602
Arrival
O/O/O
よし完了〜！
こんな作業も ひとつひとつが楽しい
さ〜て
どんな本を持っていこうかな〜！

——そして当日
FARM BOY
食事はストレスフリーでいこ！
スーパーで好きな物買い込んで
そのまま直行！
ラクだ〜♪

ケチャップ味の
ポテトチップス

Hostess
HICKORY
STICKS
ORIGINAL
JULIENNES
À L'HICKORY

細切りタイプの
ポテトチップス

Hawkins
REAL cheddar cheese
VRAI fromage cheddar
CHEEZIES
Hawkins

大人気
抹茶味の
チョコ菓子

チーズ味の
コーンスナック

コンブチャという名の
発酵ドリンク

ダイエット
なんて忘れて
食べまくっちゃお！

辛いラーメン
ミアのお気に入り

カナダで
一番ポピュラーな
カップ麺

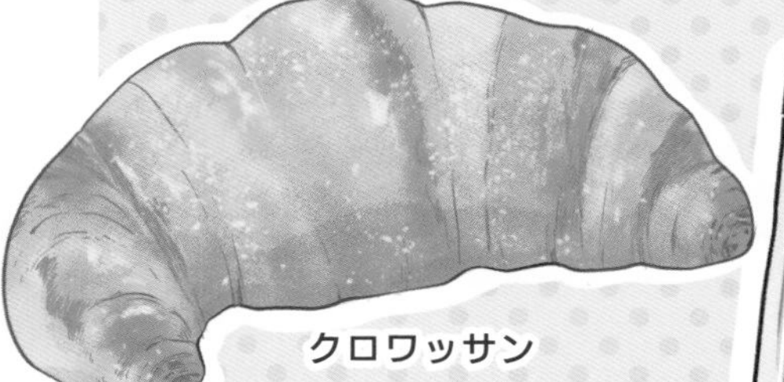
クロワッサン

カナダ発祥のバタータルト。
ショートブレッド生地に
やわらかいフィリングがのっている

バンクーバー島のナナイモが発祥。
チョコガナッシュ、カスタード、
ココナツココアクッキー生地の３層で
できたナナイモバー

たくさんの量を車に積み
ドライブのお供も♡
レッツゴー！
Grande strawberry Frappuccino
1時間走ってゲートに到着！
みんなが満足して使えるようにいくつかルールがあってね
受付で説明を受けます
あなたたちはきっと心配ないと思うけど
破って罰金をとられる人も多いから気を付けて
他の客に迷惑をかけたら＄150～
騒音　＄150～
乱暴な言葉や差別用語を使う　＄150～
花火の持ち込み　＄100～
ペットのリードをつけない　＄75～
素晴らしい徹底具合ですね～

あ人が
受付を終え
くねくねじた小道を下ってサイトを探します
ブロロロロ
ササッ
和やかな雰囲気
この辺りは電気が通ってるエリアだね

キャンパー（キャンピングカー）の
中はだいたい
台所 テーブル シャワーにベッド
電気があるため
長期滞在の人も多く
生活感がにじみ出る
洗濯物
キャンパーから漏れる
テレビの光
iPadでゲームしている
子どもや
ラップトップで仕事中と
おぼしき男性
ベンが
来なかった理由
まさにこれ
いつもの日常と
変わらないもんね
仕事とか学校の
課題とか
思い出しちゃう～
消去消去
oh....

ここから非日常で上書き保存！
ジュ～～…
わ～楽しそ～
懐かしいな～日本のキャンプであんな風に焼肉したよ
うちもあんな感じ
でもベンはああいうの経験ないみたい
No
家庭によるのかな？移民国家だもんね
ブロロロロ
だんだん道路が狭く砂利道になり木もグワっと増え
ガタ
ガタタ
電気が通ってない雰囲気に

サイト番号確認…ここだ！
私たちのサイトに到着！
向こうにご近所さん
木の小さな階段
駐車場
ピクニックテーブル
テントを張る場所
ファイヤーリング
小道
湖
今回のサイトはこんな感じ！
荷物はいつもの倍以上
車よありがとう
どす
よし！一番面倒なテント張りやっちゃおう！

テントは2層構造
ドーム型テント
フライシート
インナーシート
①初めに入口の位置を決める
じゃないとこうなる
入れん…
入口
木
岩
②まずポールをインナーシートのスリーブに通じ
スリーブ
③ポールの先端を四隅の金具に差し込むと
④立つので
補助フックをポールに引っ掛け
⑤四隅をペグで固定
カン
カン
ペグ
⑥フライシートをかけて
⑦内側からポールにフックで固定したら…
フライシート

完成！
あっ
毛虫だ
こういうとこで見ると 気にならないね～
キャンプの醍醐味
じゃあ本日のお楽しみ…
ハンモックのろ♪
木に吊るすだけ♪
持ってきたものを好きなだけ抱え…

お
ここにも毛虫
ほいっ
そして
バダーーン
サングラス
雑誌
本
本
チョコ
すごい落ち着く～
コンブチャ
ブランケット
ポテチ

湖と森に囲まれ
本を読んで
飽きたら雑誌
お菓子にジュース
夏だけどブランケットにくるまるのが本当に最高
ちょっと揺さぶったり
ただぼんやりしたり
目を閉じたり

パシャ
パチ
パチ
パチ
ビー
ビー
パシャ
ああ…
幸せ…

ぽと
んっ?
また毛虫?
ぎょ
毛虫の季節なのかな…?
え ハンモックの中にまで!
いやな予感

ねーミア
なんか毛虫がいっぱいいるんだけど
毛虫…？
ってミアも!!
んー何が…
うよ
うよ
ぽと
うわあ――――
……これふつう？
……なわけない

毛虫
毛虫
閉め忘れた〜っ
Hello
Hi
Hello
毛虫
こっちも閉め忘れた〜っ!!!
毛虫!!
ぎゃーっ
……今日ここで寝る自信ないかも
同じく

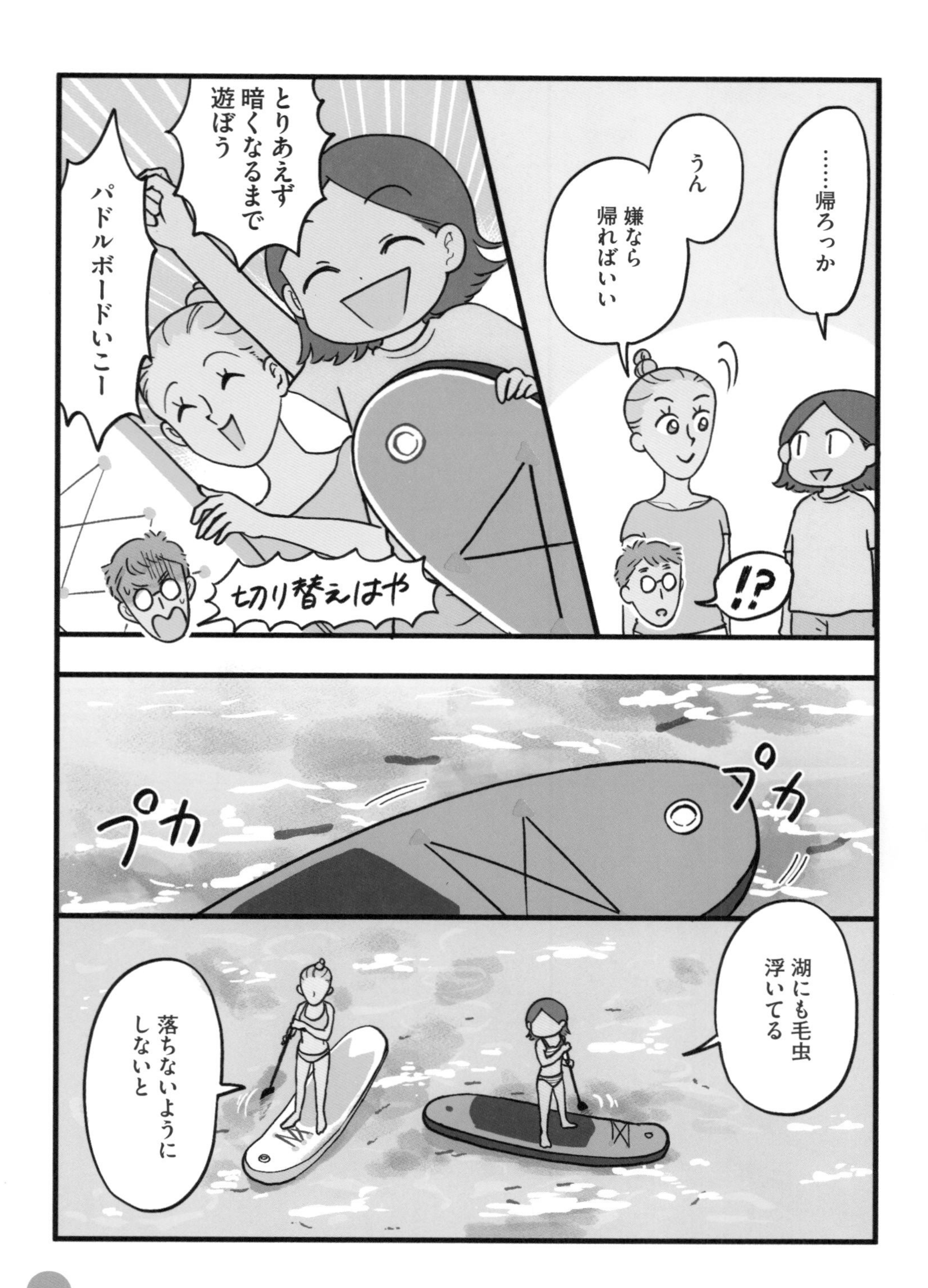

……帰ろっか
うん
嫌なら帰ればいい
!?
とりあえず暗くなるまで遊ぼう
パドルボードいこー
切り替えはや
プカ
プカ
湖にも毛虫浮いてる
落ちないようにしないと

あっ
ヨガしてる
私のおばあ
ちゃんと同じ歳
ぐらいかなあ
Stand Up Paddleboard　通称ＳＵＰ（サップ）
年齢なんて
関係ないよね
好きなことを
全力で楽しんでて
カッコいい
あんなふうに
なれたらな
よしっ私も
あれ 泳ぐの？
ここ足着かないよ
やってみる！
湖のど真ん中なら
毛虫もいない

私は最近 水泳のレッスンに
通い始めました
湖で思いっきり
泳げるように
なったら
絶対楽しいよね
怖いのを理由に
してちゃ
もったいない
いろんなことに
チャレンジして
カッコいい
大人になりたいな
MACO
ひとしきり遊び…
ぷか〜〜…
……
カップ麺
食べたい…
戻って焚き火で
お湯沸かそっか

ティンダー
キンドリング
ファイアウッド
もう慣れたもんだね
パチ
パチ
パチ
三種の材木を集めさえすればとっても簡単です
パチ
あったか～い
ふつ
ふつ
パチ
折りたためる軽量フォーク正直食べづらい
トポポ
辛そうだねソレ
辛いからおいしいんだよ
ペ
ら
Nutritional Facts
MR NOODLES
SHIN
辛
라면

カナダのカップ麺
チキンスープに麺が入ってるだけの代物
コクとか一切ない!!
でもこれが不思議とおいしくて
はふ
はふ
なんだかほっとする
はあっ
幸せ〜〜〜
私も〜〜〜

毛虫のおかげで家に帰ることになったけど
いい思い出になったよ
うっかりBBQ(バーベキュー)なんかしてたら肉とかに混ざって食べてたかもよ
空から降ってきてたもんね…
ありえる〜
やっぱ家は落ち着くなー
さて荷ほどき…
うね
うね
ぎゃっっっっ
まだまだ修業が足りませんね

1	
2	3 4

シャーボット湖州立公園（オンタリオ州）

1. シャーボット湖。森に囲まれたアクティビティの宝庫。
2. 穏やかな湖上でゆったりと楽しめるＳＵＰ。
3. 森の中のキャンプ場。湖もすぐそばに。
4. ボートやＳＵＰからの景色は湖ならでは。鳥の鳴き声が聞こえてくるよう。

バックカントリーで見られる!?

カナダの野生動物 ❷

鳥

カナダは野鳥の宝庫でもあります。アートや生活の一部に取り入れられたり、カナダ人の心に根付いたスピリット的存在です。

文・小倉マコ

ハミングバード（ハチドリ）

Hummingbird

世界で一番小さい妖精のような鳥ハミングバード。ティンカーベルみたいに森の中を気持ちよさそうに飛び回り、高速で羽ばたいて空中で静止する、華麗な姿で花の蜜を吸います。カナダ人にとってとても親しみやすく、住宅街にも現れるので、砂糖水が入ったハミングバード・フィーダーを置いている家庭も多いです。また、カナダのネイティブアートとして絶大な人気を誇るハイダアートでも、幸せのメッセンジャーとしてハミングバードのシンボルがよく使用されています。

キツツキ

Woodpecker

霧に包まれた静かな早朝、キャンプ場一帯にコンコンコンコンという音が響き渡ります。テントから飛び出ると、必ずと言っていいほど、真っ赤な頭のキツツキが元気に木を突いています。キツツキは、その名が称する通り、木を突いて、木の中に生息する虫を食べる鳥。オンタリオ州には９種のキツツキが生息しますが、一番よく見かけるのが、この頭が赤いカンムリキツツキ(Pileated woodpecker) です。カラスのように大きいので、初めて遭遇する時は驚くに違いありません。

ルーン（ハシグロアビ）
Loon

アビ科の水鳥。ほぼカナダ全域に生息し、湖のあるキャンプ地ではよく見かけます。森の中を歩いていると「アウ――アウ――」と迫力あるオオカミのような遠吠えが。近くにいるかもと構えていると、実はその正体が黒と白の水玉模様がおしゃれなルーンであることもしばしば。体長からイメージする以上の大きな声に驚きます。カナダの象徴的な鳥で、１ドル硬貨の絵柄になっており、その名にちなんで１ドルはルーニーと呼ばれています。

カナダグース（カナダガン）
Canada Goose

カナダのいたる所で見られる草食の渡り鳥で、日本ではカナダガモとも呼ばれます。カナダグースのカップルは家庭的で、生涯同じパートナーと過ごすことでも知られています。繁殖期にメスが卵を温める間、オスは巣の前でメスと卵を守ります。また親を失ったり迷子になったりした他のギースの子どもを自分の子と同じように育て上げるようです。いろんな個性も持っていて、まさしく人間の夫婦のようです。（※カナダグースは単数形。カナダギースは複数形です）

元カナダ・アウトドアガイド・タカに聞く！

バックカントリーキャンプ・ハック ②

カナダ在住の元アウトドアツアーガイドが伝授する、
バックカントリーキャンプで役立つプラス情報。
大事な飲用水と、水辺のアディショナル・ハック。

1

バックカントリーでは、管理された水道水がないし、川や湖の水がいくらキレイに見えても飲用水とは限りません。なので基本的にはペットボトル持参が必須ですが、1週間以上の長期キャンプの場合は、キャンプ用の浄水器ポンプがマスト。自然界の水を飲用水に変えてくれます。

2

冬キャンプにて。キャビンに薪ストーブがある場合は、やかんの中に雪を入れて、薪ストーブで沸騰させたら水が飲めます。持参するペットボトルを減らせますね。

3

キャンプでカヌーやカヤックに乗って移動する時は、防水が一番の課題。どこの家庭にもあるゴミ袋が有効です。荷物を入れてガードしたり、顔を出す穴をあけて自分自身もスッポリかぶったり。いろいろ使えて便利です。

4

カヌーは90%、後部席の人が操縦しています。うしろの人が前の人に合わせて漕ぐので、前に座っている人はそんなに気を張らなくても大丈夫。初めての場合でも経験者と一緒なら、前部席に座って焦らず無理せず楽しんで。

5

ネットの情報には限りがあるので、実際に行ってみたら、期待していた場所じゃなかったという場合もあります。テントで泊まりにくい場所だったら、日帰りに切り替えても、車中泊にしてもいい。キャンプは、こうじゃないといけないというルールはないので、状況に応じて柔軟に対応すればOK！

Chapter 4

第4章
ガディノー公園
（ケベック州）

Website https://ncc-ccn.gc.ca/places/gatineau-park

ガティノー公園は、カナダ首都圏の自然保護公園です。この地域で最大の緑地であるこの公園は、361平方キロメートル以上の面積を占め、豊かで多様な生物が生息する場所です。オタワのダウンタウンからアクセスできるという便利さから、カナダで2番目に訪問者数の多い公園となっています。

キャンプは1年中楽しめますが、中でも冬の自然を気軽に体験できるウインター・キャンプが人気です。冬の間は、サイトまで数キロメートルの距離をスキーやスノーシューなどで移動する必要があり、フル装備でのウインター・ハイキングが堪能できます。

また、キャビンに電気や水道はなく、最低限の設備のみ。夏のキャンプとはまた違った大自然との共生体験を味わえるでしょう。

週末みんなでキャンプに行きませんか？
雪山でハイキング！
え
キャンプ…!?
雪山に??
CAFE GACHI
オタワ
－30℃
積雪60-90センチメートル
みんなで…!?
マコの母
日本から遊びに来た

テント張ってキャンプなんて凍死しちゃうよ!
ねえお母さん
行きたいわ〜!
乗り気!
日本じゃ絶対に体験できそうにないじゃない
カナダっぽいことしたい!!
冬キャンハマりますよ!
ゴオオオオオオ
自然との共存!自分への挑戦!生を実感!!
生っていうか死を感じるんですが…
カキーン
テント泊はさすがに初心者にはおすすめできない
薪ストーブのあるキャビンでチーズフォンデュでどう?
それは魅力的!

−30℃ってこんな感じ!!
でも-30℃の雪山を歩くのはやっぱりちょっと不安だな…
冷凍庫より寒い
シャー
寝坊した―
髪かわかす時間ない!
びしょびしょ
いってきま―す!
うわあ―!
パリパリ
それ相応の防寒対策をすれば-30℃でも汗をかくくらいだよ!
大丈夫!!
たしかに冬キャンはちゃんとした知識や準備が大切です
寝坊はしないで下さい
雪の量や地面の凍結を考え
歩く時間は夏山の2倍を想定します
つる
つる
日も短いので明るいうちに小屋へ着きたいですね
16時には暗くなっちゃう
歩く時は滑りどめのクランポンを靴底に装着
荷物はバックパックに加え量が多ければソリも使います
子供が乗るやつですね

夏はカヌー
冬はソリで荷物を運ぶのかー
自然の力をうまく利用しててステキ
それならマコちゃん
疲れたらお母さんがソリで引っ張ってあげるから
安心して参加なさい♡
剣道の達人
体力ある＆力持ち
嫌だったら帰ればいい！
アハハハハハ
立場が逆〜!!
肩の力を抜いて楽しみます
今回の行き先は
ガティノー公園
• ソロキャン禁止
• 携帯電話必携
• ひとり1日4ℓの水を目安に用意
• コットン素材の服は着ない
• 24時間対応の緊急連絡先登録
• 冬キャンのための安全対策を
• 冬キャンの危険性を知っておく
• トイレは納屋にあり
• キャビンでのガス調理禁止
オタワの住民が一番行きやすいキャンプ場だと思います
キャンプ場からの注意事項も要チェック！

冬キャンの持ち物

〈−30℃・防水対応〉

日本ではアイゼン（ドイツ語）。ドイツから登山技術が導入されたことから、日本の登山用語はドイツ語が多いらしい。

冬キャンでも汗をかく！
コットン素材は汗で濡れると体の熱まで吸収して冷える原因に。低体温症の恐れもあるため、汗を吸い、暖かさを持続してくれるウールがベスト。

食べ物
TOBLERONE
eska
水
1人1日4ℓ目安
寝袋
日焼け止め
今回はチョコフォンデュ。フォンデュセットは日本の冬鍋みたいな感覚で持っている人が多い。
雪に反射して日焼けしやすい！
お皿
コップ
フォーク・ナイフ

アウトドアショップで色々買いそろえました
じゃ〜〜ん
北極探検隊みたいいね！
MEC
カナダ人愛用MEC
ガティノー公園まで車で40分
ブロロロロ…
マコちゃん運転上手じゃないの！

オタワは除雪車が毎日動いており 滑る心配はあまりありません
小さい裏道は例外
除雪と凍結防止の塩まき
なので日本のようにスピードを落として安全運転…という感じもない
ビュン
なかなか慣れません
ヒヤ
ヒヤ
みんな速いのね〜
また抜かされちゃった〜
キャンプ場は白銀の世界
ステキだわ〜

受付を済ませ
これが地図
鍵はキャビンの中にあるから
あっさり
つまり鍵かかってない
ベンとミアと合流し
2mくらい
出発の準備
キャンプ場のデリバリーサービスもあるけど12000円でちょっと高い
いつも通り各自バックパック
入らない分はソリへ
ウインターブーツにクランポンをはめる
バンド式で装着は簡単
スノータイヤのチェーンみたいな感じ
1分くらいでできる!!

雪山を歩く道具は他にもこんなものがあります
スノーシュー
接地面積が増え雪に沈まない。足がズボッとハマるくらいのソフトな雪の時に最適！
クロスカントリースキー（クロカン）
スピードが出る。歩く（クラシックスキー）と滑る（スケートスキー）の２種類がある。
準備を終えたらキャビン目指して出発！

わ～
枝が凍って
きらきら光ってる
雪山の中は
しんと静まり返り
音がない世界
ちょっと怖いくらい

その秘密は
雪の結晶の小さな隙間に音が閉じ込められるからだそう
きれーい♡
雪の結晶って本当にこういう形してるんだ
防寒具のおかげで全然寒くないな
もっと早く買えばよかった
クランポンが雪の中にゴツゴツと入る感覚が楽しい
ザク
ザク
ザク
……？

誰の足跡だろう
すっ…
気が付きましたか？
マコ先生
これは
かんじきウサギの
足跡です
かんじきウサギ
雪上移動のため
かんじきのような
巨大なうしろ足を持つ。
へえ～
なんだか
不思議～
3
2
1
3・2・1
両後足で
着地
前足片足ずつ

フィッシャー
鹿
ビーバーは特徴的ですね
そしてこちらはクマ――
クマ!?
――のひっかき傷ですね
おそらく夏場のでしょう
ナッツでも取ろうとしたのかもしれません
びっくりしたー
ブナの木
ちなみに冬眠中でもたまに起きてくることがあるらしいです
(でも食べ物を探しているわけではないとか)

いろんな足跡があるなぁ
みんな冬眠してるわけじゃないんだね
全てがもの新しく
荷物の重さや疲れも感じません
なんか暑くなってきたー！
と思っていた矢先
うわ——
突然の吹雪
ゴオオオオオ
目が開けられない
これぞ人間の力をはるかに超えた力

人間であることを
謙虚に受け止め
自然への
リスペクトを
感じる瞬間です!!
2人とも
ゴーグルつけて
つつ
わた
わた
そうだった！
大丈夫だよ
珍しいことじゃ
ないから
動揺しちゃった
感動と畏敬の念
両方を与えてくれる自然
視界が狭いから
木や湖を目印に
進むしかないんだ
ひとりで来てたら
迷子になってたな
ソロキャンは禁止されています

ようやくキャビン到着！
なんとも
キュートな山小屋です
小さなキッチン付きで
ガス・水道はなし
日本の小学校で
行った自然学校を
思い出すなー
二段ベッド
レトロな薪ストーブ

見て！滞在記があるよ
今までの旅行客からのコメントが寄せられています
毎日記録がありますね
みんな夜は吹雪になるって書いてる
イラストがあったり感謝を述べてたり様々
これは子どもの日記かな
お父さんとお母さんとおばあちゃんと自分と４人で来ました。
夜中は吹雪になって怖かった。
そして夜中、おばあちゃんが、
外にあるトイレに行こうとしたら、
滑って、こけて、骨折。
救急車が来る事態になりました。
皆さん気をつけてください。
見えないところでこんなドラマが…
お母さん！夜中トイレ行く時は気をつけてね!!
おっけー♪

そんなこんなで一息
ホットチョコレート どうぞ！
チョコチップ
マシュマロ
ホットチョコレート
＝チョコレート（ココアパウダー含）
＋ミルク（＋砂糖）
家で作って魔法瓶に入れてきた
ココアより濃厚でおいしいわー
そういえばカナダでココアってあんまり見かけないなー
ザラ
ザラ
ザラ
チラ
ふーーっ
薪ストーブ…つけてみたい…！

あれっ？
あれれ
ぷしゅーー…
もく
もく
焚き火と同じように木を組み立てたのに
ポイントは空気です！
ストーブのドアをすぐに閉めてしまうと酸欠で火がつかないいんですよ
おーついた！
火が木全体に行き渡るまで数分開けておき
ちゃんとついたらドアを閉めてくださいいね
理科の先生のようなベン
火がつくと小屋の中は快適！
温泉の中にいるみた〜い
あったか〜い

暑い
どうやら暑さに弱い2人
サウナだ
あらー
窓開けていい？
うそー
ベンが温度調節も試みたけどできなかった
薪ストーブ難しい
そんなサウナ状態の小屋で晩ごはん
山小屋定番チーズフォンデュと
デザートにチョコレートフォンデュ
FROMALP
FONDUE
TOBLERONE
薪ストーブの上で作ります
フォンデュ用チーズ
チョコバー
焦げた
やっぱ温度調節難しいね

温まったらテーブルへ運び
みんなでいただきます！
ミニトマト
バゲット
ブロッコリー
ポテト
ピクルス
生野菜も
おすすめですよ
まぁ～
イチゴ
マシュマロ
キウイ
バナナ
クッキー
ミア
舌コつけてるー
ハフハフ

そして夜——
ビュオオオォォォ
やっぱり吹雪になったー
寝る前にトイレ
滑らないように気をつけないと
ザク
小屋がサウナだっただけにさ…寒い…!!
トイレまで10m
夜中に行くのだけは嫌だー
ガチ
ガチ
実際は水の飲み過ぎで数回トイレへ…
部屋暑すぎ

翌朝は見事な晴天
くん
なんか
いい匂いがする～
あベンが何か
作ってくれてる？
ブルーベリー入り
パンケーキです
カナディアンな朝食を
召し上がれ！
ベーコンがのった
その上に
メープルシロップ
ベーコンが
分厚い！
カリカリに焼いて
ボリボリ食べるのが
カナダ流！

メープルシロップと合う〜！
甘いのとしょっぱいの
何枚でもいけちゃうわ〜
夜も朝もおなかいっぱい！
冬キャンは食べちゃうキャンプとしても知られています
体重計乗るの怖いな〜
おいしいし楽しいし
カナダの冬最高ね〜！
大満足の冬キャンでした！

1	
2	3 4

ガディノー公園（ケベック州）

1. 森に囲まれたキャビン。雪とのコントラストが美しい晴れた青空。
2. カナダの至るところに現れるリス。冬も元気。
3. スノーシューでのハイキング。指の先までフル装備。
4. オンタリオ周辺でよく見られるアオカケス（Blue jay）。

マコ&てっちゃん・日本とカナダのキャンパー対談

日本の山々でハードなバックカントリーキャンプを楽しむてっちゃん。
日本とカナダのキャンパーに意識の違いはあるのか？
日加キャンパー対談を開催！

金子哲也（かねこ・てつや）　Instagram　@kanegonz

1981年3月生まれ。キャンプ歴8年。2012年にスケボーの怪我がきっかけで登山を始める。2013年に友達のキャンプに遊びに行き、2014年からキャンプを始める。2015年に北アルプスの山小屋で働いていた友達に会いに行ったのがきっかけでハマり、2016年からは道具を揃えてテントを担いで山に登っています。

なぜキャンプをする？

マコ　キャンプに行く目的は人それぞれだと思うけど、てっちゃんの場合は何？

てっちゃん　デジタルデトックスかな。あと、コンクリートじゃないところでゆっくりしたいし、車の音が聞こえないところに行きたい。

マコ　都会に住んでいると、確かにそう思うよね。

てっちゃん　あと自然の厳しさにふれたい。

マコ　自然の厳しさ？

てっちゃん　うん。天候が悪い時、例えば、テントが飛んでいきそうなぐらいの強風は生命にとっての脅威なんだけど、人間が生身じゃ自然に太刀打ちできないという実感が湧き上がってくる。それを求めているところがある。

マコ　なるほど。私も初めてカナダでキャンプをした時、森の中にポツンと取り残されちゃった感じがして、ひとりじゃ絶対に生き延びて帰れないな…という人間としての無力さを感じたけど、それになんとなく似てるかな（※第1章参照）。

てっちゃん　うん、そんな感じ。自然のすごさを目の当たりにして、畏怖を覚える。

マコ　ＡＷＥ（オウ）体験というらしいよ。この体験をしている時、人の脳は通常の何十倍、時には何百倍も活性化しているらしい。私もその体験が忘れられないのは、脳がその感動を覚えているんだろうな。

てっちゃん　そうだね。心の奥底で求めるものは同じかもしれないね。

キャンプの楽しみ方

マコ　キャンプに行く楽しみは？

てっちゃん　日本は四季がはっきりしているから、それぞれの季節を味わうことかな。

マコ　具体的には？

てっちゃん　例えば、季節によって変わる空気。冬は空気がめちゃ澄んでいて、視界に入ってくるものすべてが色濃く映ったり。特に夜空は格別で、くっきりと星が見えて最高だよ。

マコ　それはカナダも同じかも。冬キャンプ独特の澄んだ空気ってほんと気持ちがいいよね。

てっちゃん　そうだね。あと僕が好きなのは、壮大な朝日や夕焼け。都会では見られないパノラマが荘厳で。

マコ　私も、霧がかったちょっと肌寒い早朝に、コーヒーを飲みながら真っ赤な太陽が昇っていくのを見ると、ものすごい地球の生命力を感じる！

てっちゃん　自然の力に圧倒されるよね！

あとキャンプで遠出する時は、クーラーボックスを車に積んでいくんだ。

マコ　どうして？

てっちゃん　その土地の名物料理を持って帰りたいから。鹿児島に行った時はトリのたたきを、青森ではホタテを買って帰ったり。あと温泉も楽しみ。

マコ　温泉！　うらやましい！

てっちゃん　日本だったら温泉つきのキャンプ場もあるよ。

マコ　名物料理といい温泉といい、キャンプ×観光は、カナダにはない文化だな。

てっちゃん　カナダだったら、やっぱりカヌーやSUP、あと冬はスノーシューって感じだもんね。食べたりのんびりしたりするよりも、自然の中で思いっきり体を動かしてるイメージだよね。

マコ　その通り！　だから家に帰った時、ちょっとは痩せたかな？と体重計に乗るのが私の楽しみなんだ（笑）。

失敗したキャンプ

マコ　これまで、失敗したな～と思うキャンプってあった？

てっちゃん　ないかなあ。

マコ　あんなにたくさんキャンプして1回もないの!?　私はいっぱいあるよ。キャンプ場に着いて車のトランクを開けた瞬間に、テントがない！ってことに気づいたり……。

てっちゃん　テント忘れたの!?　僕は、テントは2つ3つ用意しておいて、天気や場所によって使い分けるくらいだよ。

マコ　あとは、キャンプサイトが毛虫で覆われていて、テントの中にまでうじゃうじゃ毛虫が入ってたり（第3章参照）。こないだもテントを張ろうと思ったら、地面が硬すぎてペグが入らなくて困ったよ。

てっちゃん　結局どうしたの？

マコ　日帰り旅行になった。

てっちゃん　ははは。僕は前もって準備するから、そういう失敗はないよ。キャンプ場についてもしっかり調べてから行くし、キャンプギアにも凝るほうだし。ペグにしても、普通のペグだけじゃなく、硬い地面でも刺さるようなペグも絶対持っていくしね。事前にキャンプ仲間と情報交換もめちゃするし。

マコ　そっかー！　準備の時点でかなり力を入れているんだね。

てっちゃん　バックカントリーキャンプってさ、ゲームで言ったら、強い敵に立ち向かうために、道具を揃えて、スキルを上げて立ち向かう感じがあるんだよね。厳しい環境に備えてしっかり準備して、結果的に不自由なくキャンプができた時は、めちゃくちゃ達成感がある。

マコ　その喜びがあるから、ハードなキャンプに積極的に行くんだね。

安全なキャンプを

マコ　日本では女の子でもソロキャンプをするんだってね？　すごくびっくりした。

てっちゃん　え、カナダではやらないの？　欧米人のほうがありそうだけど。

マコ　あまり聞かないな。私は絶対にひとりでは行かない。どんな人がいるか、何が起こるかわからないし。テントってカギがついてないから、入ろうとすれば誰でも、動物でも入れちゃうからね。

てっちゃん　あと天候の心配も。自然の天気は予想外に悪化することがあるから、絶対に甘く見てはいけない。準備に力を入れる僕でも常に危険性は考えているよ。勢いで「なんとかなる」「みんなやってる」とか思って無理して行くのはおススメできないよね。

マコ　本当にそうだよね。大自然と人間を甘く見ないで、しっかり準備と対策をしなきゃ。…って私が言っても説得力ないかもしれないけど（笑）。安全に、楽しくキャンプしましょうね！

海外で初キャンプをする時は

カナダの大自然でキャンプを体験してみたいけど、どうしたらいいの?という声をたまに聞きます。日本から出発して、まったく知らない外国の地でキャンプをするとなると、どの州のどのキャンプ場を選べば良いのかわからないし、キャンプ道具の準備も大変。さらに現地に着いたら車もレンタルしなきゃだし、それを全部英語で(場所によってはフランス語で)こなすとなると、大自然を満喫するどころか、準備の段階でストレスマックスになってしまいそうです。そう考えると、初めての海外キャンプは、現地にあるアウトドア専門のツアー会社を使うのが良いかもしれません。

カナダにはローカルのキャンプ専門ツアー会社がたくさんあります。その中でも、バンクーバーやウィスラー、バンフやトロントといった日本人人口の多い地域では、ありがたいことに日本人ガイドさんが対応してくれるところもあります。移動からキャンプ道具の貸し出し、また食事などたくさんのサポートがあり、ストレスフリーで大自然を満喫できます。

中には、ガイドさんがいるとちょっと気を使ってしまうし、キャンプだったら日本でたくさんこなしてきたから、キャンプ場に着いたらあとは自分たちでやりたい、と考える人もいるかもしれません。私もどちらかというとこのタイプ。でも生息する動物も違えば、キャンプ文化(特にキャンプめし)も違います。気候も言葉も違うので、意外とガイドさんがいることで、新しい学びを得たり新しい繋がりができるかもしれません。あるいは少しでもカナディアンな経験をご希望ならば、英語のガイドさんをリクエストすることもできます。

少しでも多くの人にとって、カナダでの初キャンプが、安全で満足のいく経験であってほしいと願っています。

Chapter 5

第5章 タドゥサック（ケベック州）

タドゥサック（ケベック州）

Tadoussac (Quebec)

Website https://tadoussac.com/en/

大西洋と五大湖を結ぶセントローレンス川の沿岸、ケベック州の小さな町タドゥサックは、世界でもトップクラスのホエールウォッチング・スポットとして人気があります。5月から10月にかけて、ハンプバックホエール（ザトウクジラ）など十数種類のクジラが出現。さらに、地球最大の動物であり、絶滅危惧種のブルーホエール（シロナガスクジラ）の姿を目にすることも。また、年間を通じて出会えるベルーガ（シロイルカ）も人気です。

周辺のキャンプスポットでは、ホエールウォッチングを始め、ＳＵＰやカヤックなど水上アクティビティを楽しむ人でにぎわいます。夏の海、カナダならではのスケールの大きな自然を満喫できるスポットです。

聞いて聞いて!!
クジラの鳴き声で朝目覚めるキャンプ場があるんだって!!
なに〜〜〜〜〜〜!?
いいます（Ga Imasu）
があります（Ga Arima
どっちかな？
がいます
があります
行こう!!
どこ!?
タドゥサック
セントローレンス川
五大湖と大西洋を結ぶ
全長1200kmの長い川
タドゥサック
オタワ
セントローレンス川
ここからだと車で8時間
セントローレンス川沿いにある小さな村で海と川の水が混ざる地域らしいよ
？
なんかカナダ人でも知らない人多いみたいだね
私もたまたま知った

五大湖
サグネ川
大西洋の
3つの海流が
タドゥサック地帯で
ぶつかる
タドゥサック
各海流の魚が集まり
餌のプランクトンも
豊富
それ目当てに
暖かい中米から
クジラたちが！
クジラは
13種類もいて
しかも
陸地から肉眼で
クジラの群れが
見えるんだって！
さっそくみんなで
場所探し！
見つけたのは…
ボン・デジールのキャンプ場
・キャンプサイトが崖っぷちにあり
・クジラが見えるらしい
・サイトから直接ビーチにアクセス可
・水、シャワー、トイレあり
・キャンプサイトの他にキャビンあり（いざという時に安心）
・計40サイトあり、小さなコミュニティーっぽい
・一泊300円（安い！）
ただまた
知らない町だし…
タドゥサックの
隣町
このウェブサイト
以外の情報が
あまりないん
だよね
予約して
大丈夫かな？
例えば
もし8時間かけて
キャンプ場に
着いても
全く整備
されていなくて
ゴミだらけ…
とかだったら
どうしようか

う〜ん
その時は
近郊のホテルか
モーテルに
変更するとか！
もしくは
ケベックシティーや
モントリオールまで
引き返して観光！
アリだね！
ということで予約決定
雨が降ったら
どうしようか
タープの準備して
大雨が続くなら
早く切り上げる！
タープ
あ、あとさ！
実は運転のことが
心配で…
朝6時に出発して
午後2時に
到着予定だけど
8時間運転なんて
1日で行ける
距離なのかな…？
それは
大丈夫だよ！
トロントに
日帰りしたり
（往復8時間）
ニューヨーク（片道8時間）や
ナイアガラの滝（片道5時間）に
ドライブしたりしますし
全然
フツー
あ…そう？
感覚が
ちがう
イメージとしては
東京ー青森（700キロメートル／約8時間）

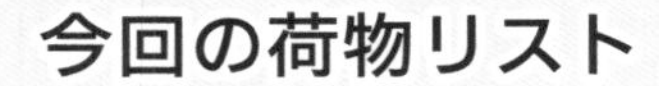

今回の荷物リスト

・テント
・タープ（雨の場合）
・寝袋
・マット
・ヘッドライト
・ランプ
・着替え
・タオル

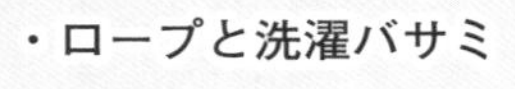

・ロープと洗濯バサミ

・ティッシュ
・ハブラシ
・ボディーソープ
・シャンプー
・コンディショナー

（ボディーソープ～コンディショナー）今回はシャワー付のため

・食器類（コップ、お皿、包丁、まな板、ハサミ、ゴミ袋）

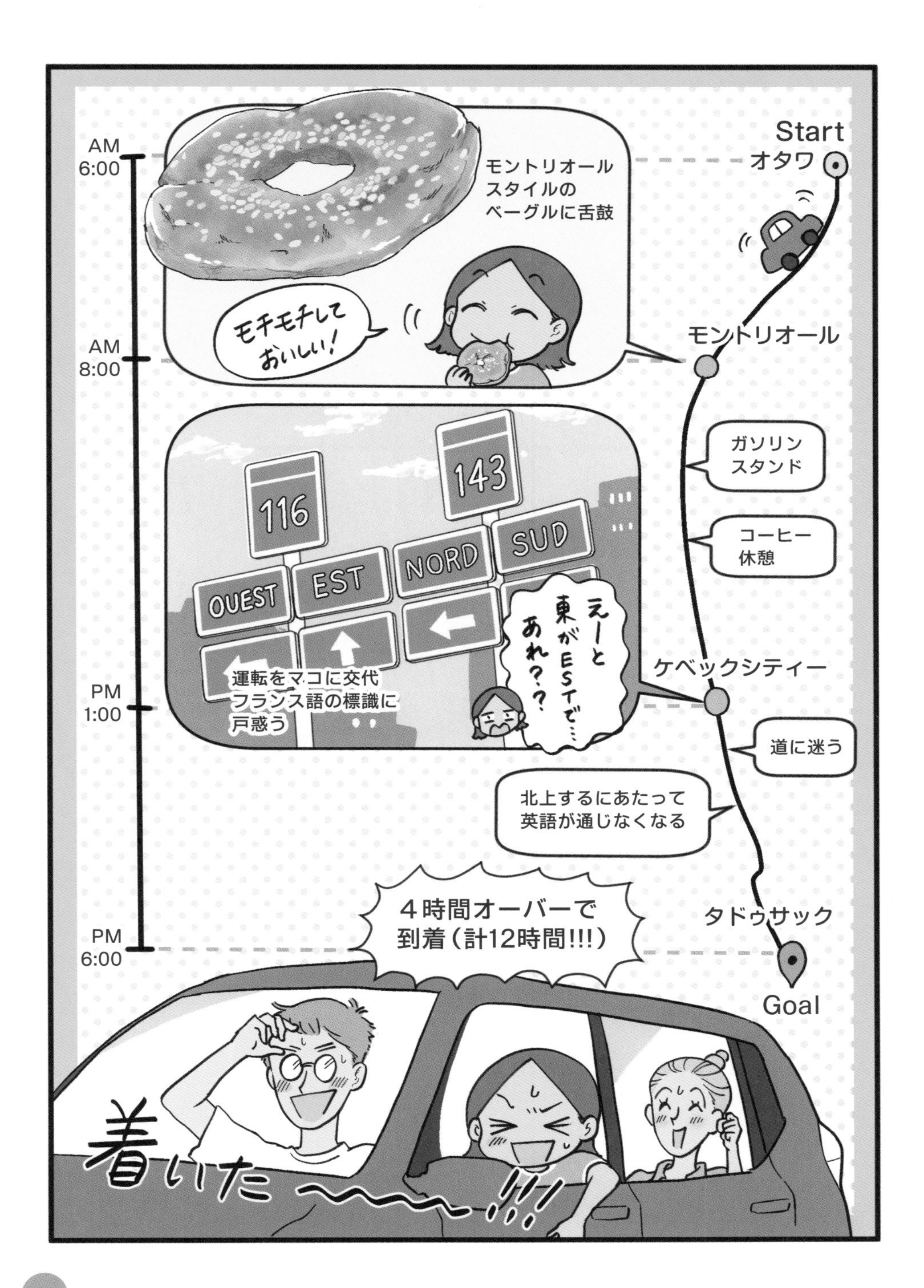
AM 6:00
AM 8:00
PM 1:00
PM 6:00
Start
オタワ
モントリオールスタイルのベーグルに舌鼓
モチモチしておいしい！
モントリオール
ガソリンスタンド
コーヒー休憩
116
143
OUEST
EST
NORD
SUD
運転をマコに交代
フランス語の標識に戸惑う
えーと東がESTで…あれ？？
ケベックシティー
道に迷う
北上するにあたって英語が通じなくなる
4時間オーバーで到着（計12時間!!!）
タドゥサック
Goal
着いた〜〜〜!!!

受付でチェックイン
管理人さんは
フランス語話者
コテコテの
ケベックカナダ人で
カナダ人同士でも
言葉があんまり
通じない
カナダっぽい風景
結局
英語の
パンフレットを
読んでください
で終了
もらった地図をあてに
自分たちのサイトへ
小さな丘の上に
キャンプサイトが
散らばり
背景には常に
セントローレンス川
川って言うけど
海にしか見えない
デカすぎて

私たちのサイトは
セントローレンス川に
面した崖っぷち
プライベートトレイルが
ついており
直接ビーチに行ける
キレイな夕日に
うっとり
暗くなる前に
テントを
立てないと…
でも
見とれちゃうね
日の入りはＰＭ8:00頃

テントを
サッと立てたら
レゼスクマンという
隣町のスーパーへ
夕飯の買い出し
レゼスクマシでは…
NAKAI
ARRET
標識がフランス語と
インヌ族（先住民）の
言葉だ！
あっちの電柱に
※ドリームキャッチャーが
ついてるよ!!
※ネイティブアメリカンに
伝わる装飾品
カナダって
奥が深い！
あとクジラの標識が
しょっちゅう
出てくるね
クジラのルートという意味
ROUTE DES
BALEINES
行ってみる？
小さな港に到着

望遠鏡を持ったローカルらしき人
Baleines routeはクジラに会える約880キロメートルのルート！
陸からクジラが見えるのよ
こんな小さな港でもブルーホエールもいるの
ブブブブ
ブルーホエール!!!
なにそれ？
知らないいんですか!?
Blue Whale
シロナガスクジラ
ブルーホエールとは現存する動物最大の全長26メートルのクジラ!!
まさに海の中に住む恐竜
そんなのがこの川で泳いでるなんて
なんというロマン！

26メートルってどれくらい？
25メートルプールくらいだね～
きゃっ
きゃ
反応うす…
その時
ザパン
きゃはは
ベルーガ!!!
!?
目の前に
ベルーガの大群が！
Beluga
シロイルカ
遠くて肉眼では白い豆粒がジャンプしているようにしか見えないのですが…
かわいい～♡
一緒に泳ぎた～い♡
水族館で見た姿で脳内補完！
かわいさまでは見えないけど!?

ベルーガに魅了されているうちに辺りは暗くなり
スーパーに寄ってキャンプ場へ戻ると午後8時半
みんなキャンプファイヤーしてる
他のサイト客が見えると安心します
先ほど買ったサンドイッチで川を眺めながら夕食
このお手軽さがいいね
今日は運転で疲れたからね
状況に合わせていかにラクしておいしい料理を楽しむかが大事♪

スモアしよう♪
スモアセット買った！
スモアセット
Great Value
S'MORES
Kit
442g
こんなのあるの!?
木の枝じゃなくて!?
スモアスティック
パチ
パチ
2回目だし余裕！
ともいかず
ぷす
ぷす
その後私とミアは共同のシャワー室へ
バッチリメイクの人がほぼおらず
（キャンプだから？）順番回ってくるの早い
体洗って
歯みがいて
ベンは荷物番
誰もいなかったら盗まれても文句言えないからね
日本と違うところですね

女子のシャワーは5人ほど順番待ちしたのに対し
さっぱりしたー!!
交代後5分もしないで戻ってくるベン
ほんとにシャワーした?
午後9時半
ご近所さんのキャンプファイヤーはすでに消え
私たちもつられてテントの中へ…
Zzz…
翌朝午前5時
キーヒーヒー
鳥のようなアシカのような鳴き声が響き渡る
この声何?まさかクジラ…!?
ていうかクジラってどんな声だ…!?
起きて確かめ…

…ムリだ
朝は10℃以下
眠い…寒い…
あと2泊あるし明日見れば…
ZZZZZ
二度寝
起きたのは午前9時
ベーコンのいい匂いだ〜
みんな早寝早起きだなあ
すでにテキパキ活動しているご近所さんたち
目が合うと挨拶が返ってくるし
Bonjour
Hello
とにかく笑顔！元気！
ドタドタ
そんななかSUPでクジラを見るために来たというカップルと仲良くなりました

一緒に朝食
このキャンプ旅行のために地元のSUPスクールで特訓したんだ！
素晴らしいですね！
私はフランス人で
彼はチュニジア人
一緒に住むならフランス語圏のケベックがいいなと思ってカナダに移住したの
ロマンチックだな〜
会話に花が咲き楽しい朝
カナダ歴何年？
おすすめの観光スポットは？
ここは初めて？
朝食の後
2日目の今日はカヤックツアーにチャレンジ！

パドルの使い方や
カヤックの基礎を
みっちりやり
クジラについてや
自然のルールも教わる
ベルーガが
カヤックの隣で
泳いでも
歓迎されているから
ではありません
止まって写真を
撮るなんてダメ
わ〜
遊びにきて
くれたの？
例えば絶滅危惧種の
ベルーガとは
最低でも400メートル
距離を取る決まりです
などなど
ほえー
その後ウエットスーツと
カヤックをもらい
1人用
2人用
いざ川へ

するとすぐに雨が
予報では曇りだったのに
天気予報が外れました
嵐になる前に陸へ戻ります
あっという間に大降り
ザァー
風がビュンビュン吹き
バッシャン
バッシャン
押し戻される!!!
1時間くらい波と戦うはめに
岸に近づいた!あと少し!

ようやく岸にたどり着き
ぐったり…
安堵でぶっ倒れる参加者たち…
そこへ現れる太陽の光…
パァーー
い……今…？
ぜ～ぜ～
ぜ～
虹まで出てる
大きい虹だねー
ピシュ
!?

巨大ハンプバックホエール
ザブーンッ

本当にここにいたんだ…
カヤックしてる時に横に現れたら気絶するかも…
Humpback Whale
ザトウクジラ
自然界はまさに驚異と脅威！
すっごい迫力…
その後は晴れ晴れとした天気が続きました
そんな地球に自分が存在してるんですね!!
キャンプ場に戻って食事の準備
日本の定番キャンプ料理カレーを作ります！
うまいカレー
そら豆の形をした飯盒炊さんが珍しいベン
これでお米が炊けるんですか?!
僕も欲しい!!
カナダのアウトドアショップでは売ってないもんね～

お米がモチモチしておいしー
うまい！ハマる味ですね！
今度から僕たちの定番キャンプ料理にしよう！
喜んでもらえて大成功！
デザートは焼きパイナップル
ストックバッグに
・スライスしたパイナップル
・シナモン
・ブラウンシュガー
焼く
バニラアイスクリームをサイドに添えて食べるとさらにグッド！ぜひお試しあれ！
ジュ〜〜〜…

順番にシャワーを浴びて眠り
明日こそクジラの声で起きようね
早朝5時
キィィ
またしても何かの鳴き声が
なんか聞こえるね…
ピーピー
うん…
キーーキーー
でもあと1泊あるし……
二度寝
ZZZ
スースー
昨日のカヤックが体にこたえた…
午前9時起床
昨日のSUPカップルと出会う
あれもう帰るんですか？
昼から大雨らしいの
そういえば今朝クジラ見ました？
朝早くに鳴き声が聞こえて…

あれは鳥だよ!!
え〜〜っ…
クジラの鳴き声で目覚めるもくろみははかなく消えたのでした
な〜んだクジラじゃなかったのか…
気をとりなおして朝ごはんにしよっか!
ciao〜
なぜかイタリア語
……
せっかくケベック州にいるんだから
ケベック名物プーティン朝ごはん!!
グレービーソース
チーズカード
フライドポテト
ついでにベーコン!

計5000キロカロリー！召し上がれ！
プーティンは私がカナダに来て一番ハマった食べ物！
やっぱカナダキャンプおいしくてサイコー！
ハフ
ハフ
キューキュー
チーズカードは噛むときゅーきゅー音がする
ポツ
ポツ
わっ
本当に雨降ってきた！
周りも荷づくりを始めており
キャンプ場の活気がなくなっていくのがわかる
午前11時大雨
私たちも1日早く切り上げて帰ることに
ザアー
クジラ見えるかなー
何も見えなかった！
帰りは嵐のような状態の川を眺めながらドライブ

クジラの鳴き声で目覚めることはできなかったけど
生のクジラが見られて満足～
あんなに大きいとはね～
ベンの言ってたブルーホエールなんてあれの倍以上なんだよね
僕は今回の旅行で新しい目標ができましたよ
今度はあのキャンプ場から
SUPでクジラを見にいきます！
リベンジです!!
おお～っ
家に着いたのは午後9時（計10時間！）
最高に疲れたけど
一生の思い出です

タドゥサック（ケベック州）

1. キャンプサイトの入り口に番号が。 2. 8人用の大きめのテントに、贅沢に3人で宿泊しました。 3. 備え付けのピクニックテーブルごしに、海の輝きがまぶしい。 4. サイトから見えるセントローレンス川。向こう岸が見えない大きさ。

＼おうちで再現！／

カナダの名物キャンプめし

文・小倉マコ

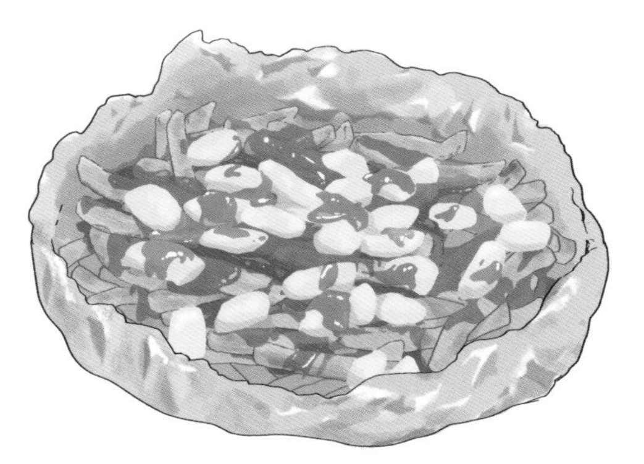

［プーティン］

熱々のフライドポテトの上に、キュッキュッと音がするチーズカードとグレービーソースをかけたものがプーティン。カナダ人が愛する郷土料理で、キャンプに行けばやっぱりこれが食べたくなるもんです。おうちプーティンでは、揚げずにオーブントースターで簡単に。グレービーソースが手に入らない場合は、ビーフシチューで代用するのがオススメです。

材料

★ポテト　5、6個
★オリーブオイル　大さじ1
★塩　ひとつまみ
★レトルトのグレービーソース（またはビーフシチュー）1パック
★チーズカード（または削ったチェダーチーズ）適量

作り方

1. ボールに、1cm角のスティック状に切ったポテトとオリーブオイル、塩を入れて混ぜる。
2. ①をアルミホイルの上にのせ、1000Wのオーブントースターで15〜20分、ポテトに焦げ目がつくくらいまで焼く。
   ※機種や設定によって温度が変わるので、様子を見ながら焼いてください。
3. ポテトを焼いている間に、レトルトのグレービーソース（またはビーフシチュー）を温めておく。
4. 焼き上がった熱々ポテトの上に、グレービーソースとチーズカード（または削ったチェダーチーズ）をのせてできあがり。

ひと言メモ

チーズカードはオンラインで購入できるようですが、市販されているブロック状のチェダーチーズで代用できます。そしてより簡単に済ますには、冷凍のフライドポテトを代用してOK!　かけるソースとチーズの量も、お好みで自由に作ってくださいね。

バックカントリーで見られる!?

カナダの野生動物 ③

クジラ・イルカ・シャチ

タドゥサックでもウォッチングツアーが組まれる、クジラとイルカ＆シャチ。
ここでは耳なじみのある５種をピックアップ！

文・小倉マコ

ブルーホエール（シロナガスクジラ）

Blue Whale

絶滅危惧種。体長30メートル近く体重最大200トンに達するとも言われる、地球上に現存する中で最大の生き物。10階建てのビルに相当する大きさで、ウォッチングツアーでも注意を払って見学します。もし見られたら、その迫力に圧倒されること間違いなしですね。

ハンプバックホエール（ザトウクジラ）

Humpback Whale

タドゥサックで私たちの目の前に現れてくれたザトウクジラ。翼のような尾びれが印象的です。体長約13メートル、体重20〜30トンと、ブルーホエールに比べたら小振りに思えますが、近くで見ると迫力満点！　こんなに大きいのに、そばに来てもまったくわからないぐらい静かに泳ぎます。回遊しているため、カナダで見られるのは5月から10月までの夏の間です。

ベルーガ（シロイルカ）
Beluga

タドゥサックで一番よく見られるクジラがベルーガ。絶滅危惧種です。他のクジラと違って回遊せず、一カ所で一生を過ごします。夏に川と海が合流する河口付近で出産し、子育てを2年間するそう。全身真っ白でほほえんでいるような口元がかわいいと人気です。ちなみに子どもは灰色。シロクマでも有名なマニトバ州チャーチルは、ベルーガに会える街としても知られています。

ネズミイルカ
Harbour Porpoise

体長1.5～2メートル、体重50キログラムぐらいの小柄なイルカ。群れで行動するので、見つけた時は次から次へとたくさん出てきてくれました。小さい体なのにすごいジャンプ力！　ちなみに、イルカやベルーガがボートやカヤックの近くに寄ってきても、止まって写真を撮ったりするのはＮＧです。基本的には200メートル、絶滅危惧種は400メートルの距離をとる決まりがあります。彼らにストレスを与えないよう、自然と一体化する気持ちでいてくださいね。

シャチ
Killer Whale

体長６～7メートル、体重３～7トンの大きさ。カナダの西海岸ではオルカ（Orca）と呼ばれています。キラーホエールという英語名の通り、自分の倍以上の大きさのクジラなどを群れで襲って食べ、海洋生物では食物連鎖のトップに位置します。意図的に人間を襲うことはないらしいのが幸いです。ちなみに、実はクジラとイルカとシャチの生物学的な違いはなく、みんなクジラ。違いは体の大きさだけです。

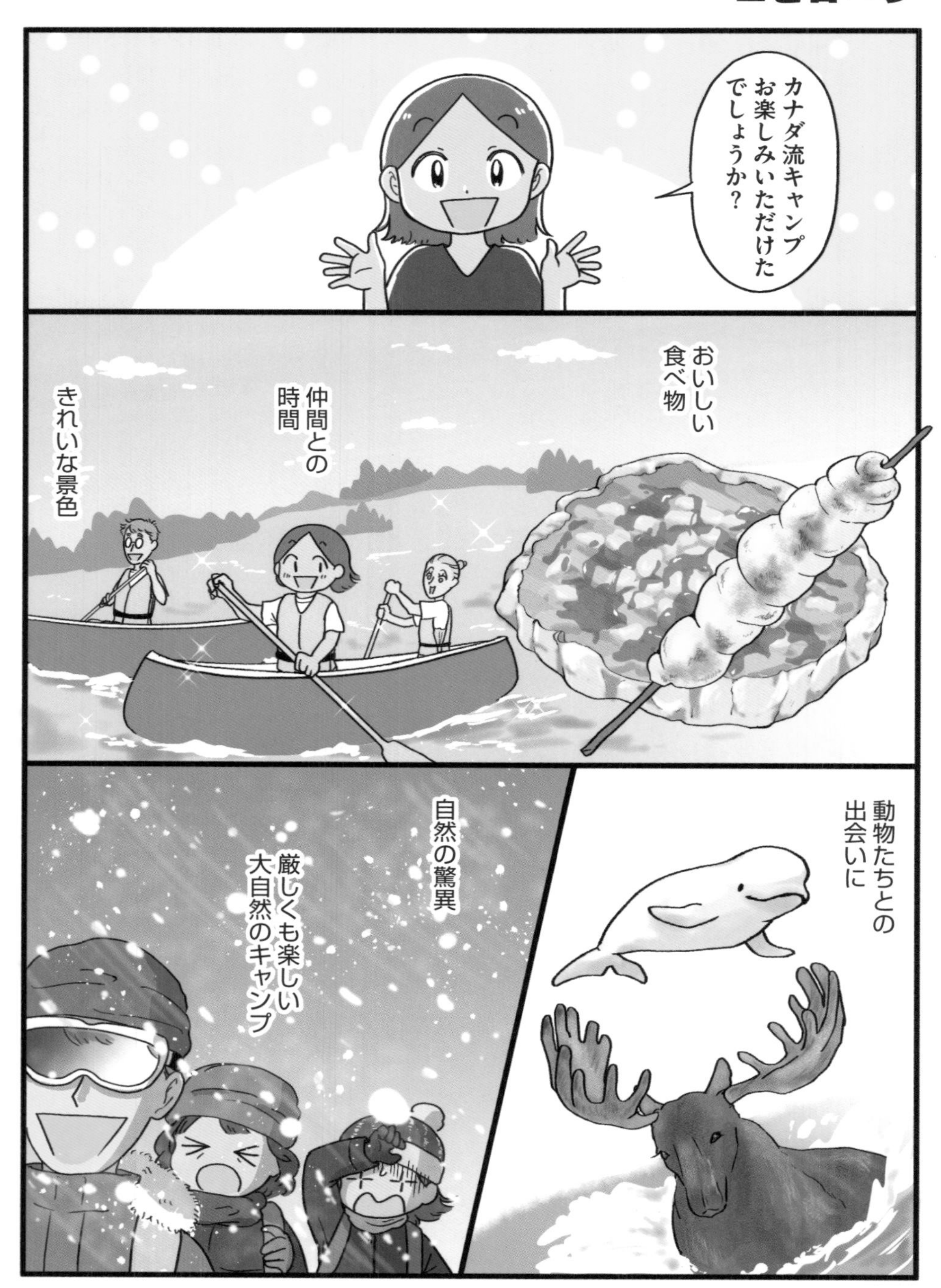
カナダ流キャンプお楽しみいただけたでしょうか？
おいしい食べ物
仲間との時間
きれいな景色
動物たちとの出会いに
自然の驚異
厳しくも楽しい大自然のキャンプ

それは
想像もしなかったことに
挑戦するチャレンジ精神
だったり
ベンは急流SUP
レッスンを開始!!
でもそれ以上に
教わったことが
たっくさん!
新しい世界を見る
ドキドキとワクワク
かわい〜!!
でか〜い!!
猛毒だよ
できなかったことが
できるようになる自信

自分がいかに
ちっぽけな存在か
ってことや
仕事の悩みなんて
もうどうでも
よくなった
好きなことをするのに
年齢なんて関係ない
ってこと
そして
お父さん
お母さん
元気かなー

ふだんは
思い出さないのに
日常に流されて
忘れてしまう
大切な人たちの
存在
次はどこに
行こうかな～！
私のキャンプライフは
始まったばかりです
みなさんも
楽しんで
くださいね！
おしまい

あとがき

毎回キャンプに行くと、私はその土地のTシャツを買うようにしています。これは、新しいことがまたひとつできるようになったという勲章みたいなものです。勲章なんて言ったら大袈裟に聞こえるかもしれませんが、実は私にとってキャンプは、何年やっても、修行的な要素が強いのが正直なところです。いまだにテントの中で熟睡したことはないし、荷物の準備や片付けはやっぱり面倒だし、家に戻ってきたら完全にバテてるし。でも、それ以上に得るものが多いのも事実。ふだんの毎日じゃ手に入らない大切なものが。

それは「自分はなんてちっぽけな存在なんだ」と、夜空を見上げた瞬間に感じる畏怖の念だったり、ビキニ姿のおばあちゃんがパドルボードで遊んでいるのを見て得られる「思いっきり生きよう」という人生への後押しだったり、クリフジャンプでの壁を打ち破るようなドキドキ感だったり。それらは、コンピューターの前に座って仕事をしているだけでは、絶対に得られないものなんです。

もちろん誰かの本やSNSや映画などを通して味わうバーチャルな体験も楽しいし、この本で疑似体験を楽しんでもらえたなら何より嬉しいです。ただ、自分自身のリアルな心と体で味わう体験は、本当に格別です。心が打たれるという瞬間を、身を持って感じるのだから。実感を伴ったその経験を通して、人の感性は磨

私の密かなキャンプ
Tシャツコレクション！

かれるんだろうなって思います。私は、自分の感性を磨くために、新しい自分に出会うために、キャンプをしているのかもしれません。

ここまで読んでくださった読者のみなさまの中には、私なんかよりずっとキャンプ通の方もいらっしゃれば、これからキャンプしてみようかなと興味をお持ちの方もいらっしゃると思います。キャンプの経験値はどうであれ、あなただけに準備された、自然からの贈り物があると私は思います。どんなギフトが待っているのか、ぜひ、それを受け取りに行ってください。

最後に。本書の漫画の内容は、私が実際に体験したキャンプでのエピソードをもとに構成しました。本企画を進めてくださった編集の齋藤和佳さん、素敵な漫画にしてくださったふらみんこさん、また対談に協力してくれた金子哲也さんと山下隆さん、どうもありがとうございました。

そして、読んでくださったみなさまへ、心からの愛と感謝をこめて。あなたのペースでキャンプを楽しんで、より豊かな人生をお過ごしくださいね。

小倉マコ

※本書内の情報は、2023 年 7 月時点のものです。情報が変更されている場合がございますのでご了承ください。

カナダでがちキャン

まんがでわかるバックカントリーキャンプ

2023年8月20日　第1刷発行

原作・文　小倉(おぐら)マコ
漫画・イラスト　ふらみんこ

装　幀　坂根 舞（井上則人デザイン事務所）
発行人　永田和泉
発行所　株式会社イースト・プレス
〒101－0051
東京都千代田区神田神保町2-4-7 久月神田ビル
TEL03-5213-4700　FAX03-5213-4701
https://www.eastpress.co.jp/

印刷所　中央精版印刷株式会社

ISBN978-4-7816-2237-8　C0076

写真協力：カナダ大使館／カナダ観光局

バスケットボール解析図鑑

イラストでわかる身体の細部の動き

著
佐藤賢次
川崎ブレイブサンダースHC
小谷 究
流通経済大学准教授

イースト・プレス

はじめに

バスケットボールのテクニックにはドリブル、キャッチ、パス、ショットなどがあります。その他にもディフェンスのフットワークやハンドワーク、オフボールマンによるスクリーンのセットやステップなどボールマン以外のプレーヤーのテクニックも存在します。どのテクニックの向上もバスケットボールというゲームで勝利という目標を追求する際に欠かせません。

ただし、ドリブル、キャッチ、パス、ショットなどのボールを扱うテクニックは、他のテクニックと比較してより非日常的なものと言えるでしょう。日常生活において、あの大きさ、重さの球体を投げたり、受け止めたり、フロアに繰り返し叩いたりすることはなく、また、それに近い動きもありません。ましてや、頭上高くに床と並行に設置されたリングにボールを投げ入れることはバスケットボール以外では考えられません。

バスケットボールのボールを扱うテクニックは非常に繊細であり、プレーヤーには身体を介した様々な調整が求められます。そこで、本書ではボールを扱う「キャッチ」、「ドリブル」、「パス」、「ショット」について紹介します。ただしテクニックを細かく分類すると、数えきれないほど存在します。そこで本書では『バスケットボール用語事典』に掲載されているテクニックを中心に扱っています。

さてプロバスケットボールプレーヤーはキャッチ、ドリブル、パス、ショットのテクニックを、特に意識することなく用います。テクニックに注意を向けなければ用いられないようであれば、そのテクニックをゲーム中に発揮することはできません。ゲーム中、脳は味方プレーヤーの状況や相手チームの状況、点差や残り時間など様々な要素を判断するために用いられます。ところがテクニックに脳の能力を奪われていては、テクニックを発揮することができずにミスにつながります。したがってテクニックは、無意識に用いられるまで習熟することが求められます。

もちろんどのプレーヤーも最初から無意識でテクニックを発揮できたわけではありません。試行錯誤を繰り返し、なんらかのコツをつかみ、無意識に使いこなせるまでにテクニックを習熟したのです。しかし多くのプレーヤーがそのコツを言語化することなく、プロバスケットボールプレーヤーになっています。本書ではプレーヤーの身体に隠されたテクニックのコツを言語化することを試みました。ぜひ皆さんや皆さんのチームのレベルアップに役立ててください。

佐藤賢次
小谷 究

ドリブル パス ショット

バスケットボール 解析図鑑

イラストでわかる体の細部の動き

CONTENTS

PART 3 ショット

ドリブル パス ショット
バスケットボール
解析図鑑
イラストでわかる体の細部の動き

PART 1

ドリブル

唯一自分の力でボールを運べる手段がドリブルです。状況に合わせて効果的にドリブルを使うことで、ゲームの流れや劣勢な局面を打開することもできます。そのためにも質の高いドリブルを身につけましょう。

重心を捉えてボールを捕る

早く習得したい技術は片手での捕り方

我々を魅了したジェイソン・ウィリアムスのエルボーパスなどのトリッキーなテクニックを除き、すべてのテクニックが手でボールを扱います。またバスケットボールのルールではボールを拳で叩くことを禁止しているため、手のひら側でボールを扱うことになります。しかしどのテクニックも手のひらの使い方や感覚を理解したところで、テクニックの習得につなげることは困難です。テクニックを発揮するためには、身体の様々な部位がタイミングよく同時もしくは順番に連動することが求められます。

本書のメインテーマである「ドリブル」、「パス」、「ショット」をするためには、まず「キャッチ」が必要になります。指導現場においてキャッチはあまりフォーカスされないこともありますが、キャッチはその後に続くプレーに大きな影響を与える重要なテクニックです。ゲーム中にオープンの状況を作り出したとしても、そこでキャッチがずれただけで、それまでの過程がすべて台無しになります。

02

ボールを捕る手

片方の手のひらでボールの重心を捉える

ボールをキャッチする際には片方の手のひらでボールの重心を捉えます。重心とは簡単にいうと物体の重さの中心です。バスケットボールはほぼまん丸であり、ボールの中の空気を閉じ込めているゴムや皮などの素材もほぼ均質であるため、重心はボールのほぼ中心に位置します。読者のなかには、両手でおにぎりの形を作ってボールをキャッチすることを教わった方もいらっしゃるかと思います。しかしこの方法では片手でボールを扱う際にボールを持ちかえ、再びボールの重心を捉える作業が必要になります。つまりタイムロスや重心を捉え損ねるなどのデメリットが考えられます。実際のゲームではボールを両手で扱う局面は限られており、ほとんどのテクニックは片手で行われます。また現時点で両手でボールを扱っているとしても、競技レベルが上がるにつれて両手でボールを扱うテクニックは通用しなくなり、片手でボールを扱うテクニックの習得が求められます。そのためボールをキャッチする際には、片方の手のひらでボールの重心を捉えましょう。

ボールを押し付けて確実に重心を捉える

受けた手と反対の手でボールを押し付ける

「ボールは指の腹で扱い、手のひらはボールに接しない」と教わった方も多いのではないでしょうか。我々も同じ指導をされてきました。もちろん、最終的にはボールを指の腹でコントロールしますが、指の筋力は小さいため、身体で生み出した大きな力を十分にボールへと伝えきることができません。そこで手のひらから十分にボールの中心付近に力を伝え、リリースの局面で指の腹でボールをコントロールします。つまりキャッチの時点では、ボールに手のひらを接触させることになります。

具体的にはボールの進行方向に対して手のひらを向けます。ボールが手のひらに着く局面では、ボールの重心を手のひらで捉えていることが重要です。もう一方の手は、ボールを受けた手のひらにボールを押し付けるようにします。ボールに手を添えるといった感覚ではありません。ボールを受けた手のひらにボールを押し付けるのです。片方の手でボールを押し付けることにより、ボールを受けた手のひらで確実にボールの重心を捉えることができます。そのように捉えることで、その後に続く片手のテクニックを高い水準で実行することができるのです。

はじめはボールの重心を捉える感覚が掴めないかもしれませんが、繰り返し意識してください。ある時に必ず「ボールの重心を捉える」感覚が訪れます。その時には、ボールの重心から少し手のひらが外れたこともはっきりと感じることができるでしょう。

ボールの重心を捉える感覚が身につくまでは、ボールをよく見てキャッチしてください。少しずつボールの軌道から届く場所を判断できるようになり、ボールを見なくてもボールの重心を捉えたキャッチができるようになります。

ボールの重心の捉え方

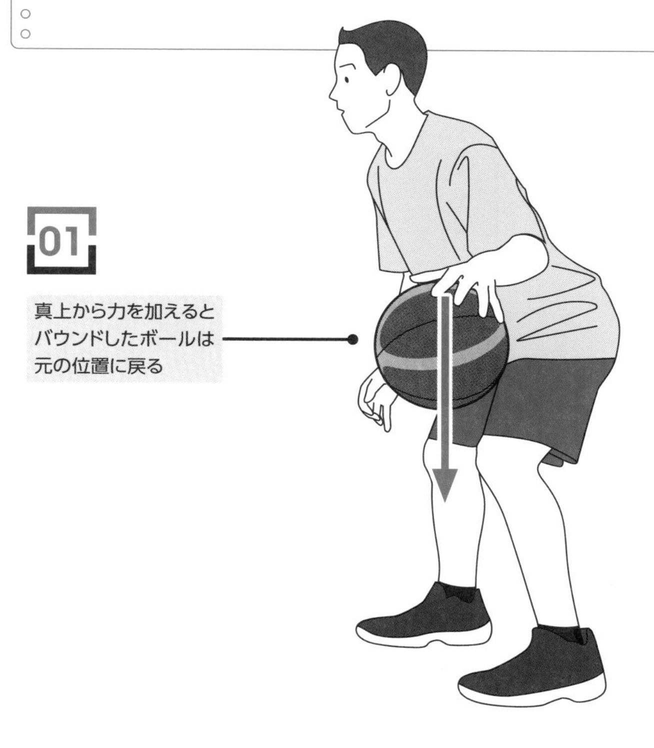

ボールの重心を捉えることで力を加える位置がわかる

ドリブルは手を通じて、ボールにどのような力を加えるかでコントロールします。ドリブルではボールの下部に触れるとボールを保持したとみなされます。その状態から再びドリブルをするとダブルドリブルというバイオレーション（ルール違反）となり、相手チームのボールになります。したがって、ドリブルではボールの上部、もしくは側面から力を加えてコントロールすることになります。ボールに対して真上から力を加えた場合、特殊な回転をかけない限りバウンドしたボールは元の位置に戻りま

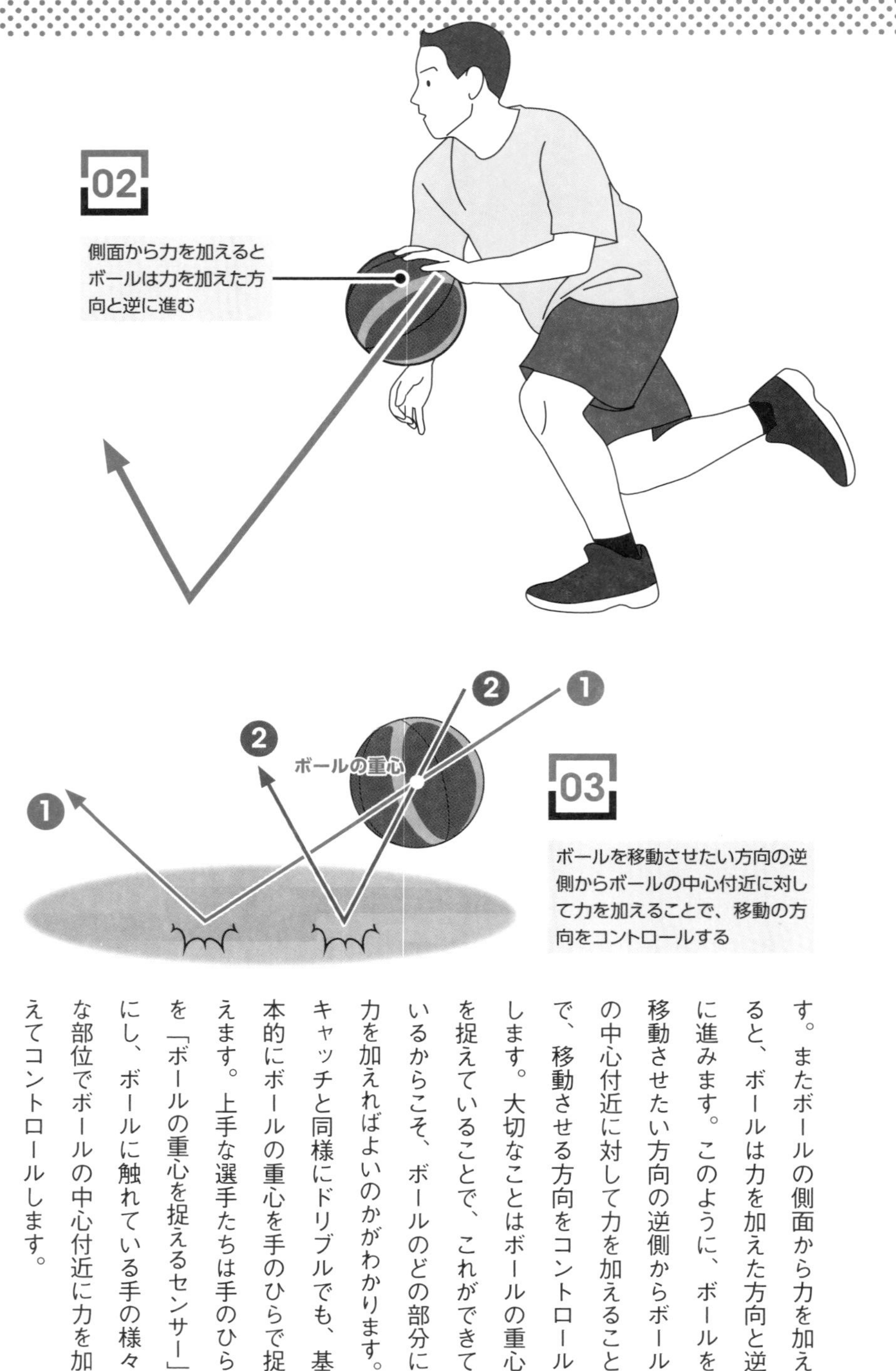

す。またボールの側面から力を加えると、ボールは力を加えた方向と逆に進みます。このように、ボールを移動させたい方向の逆側からボールの中心付近に対して力を加えることで、移動させる方向をコントロールします。大切なことはボールの重心を捉えていることで、これができているからこそ、ボールのどの部分に力を加えればよいのかがわかります。キャッチと同様にドリブルでも、基本的にボールの重心を手のひらで捉えます。上手な選手たちは手のひらを「ボールの重心を捉えるセンサー」にし、ボールに触れている手の様々な部位でボールの中心付近に力を加えてコントロールします。

ドリブルの基本②

ドリブルに必要なフットワーク

外からの音や動きに惑わされないことが重要

ドリブルでは、様々なフットワークを様々なリズムで使うことが求められます。ところが人は外から聞こえる音や動きにつられてしまい、意図しないリズムで運動をしてしまうという特性を持っています（リズムの引き込み現象）。このような特性に引き込まれずにドリブルやステップができれば、ディフェンスにとっては守りにくい動きになります。

さて、ジャンプストップもしくは両足をフロアにつけた状態でボールを保持した場合、左右どちらの足からでもドライブすることができます。

ストレートドライブ

01 軸足がフロアから離れる前にドリブルをつく

この際のドライブのフットワークは、基本的にクロスオーバードライブが有効です。その理由はまず、ストレートドライブと比較してトラベリングになりにくいからです。ストレートドライブでは、クロスオーバードライブと比べてボールを突き出す前に軸足が浮いてしまうことがよくあります。これを防ぐということが1つ目の理由です。

もう1つの理由は、人は対角の腕と脚が連動した時に力を発揮しやすい構造をしているからです。例えば走るときには対角の腕と脚が連動します。ストレートドライブでは突き出す腕と脚が同じですが、クロスオーバードライブでは突き出す腕と脚が対角になり、力を発揮しやすい体勢となります。

ただしクロスオーバードライブしかできないと、軸足が決まった時点でディフェンスにドライブの方向を読まれてしまいます。このような状況を打開するために、ストレートドライブや様々なフットワークを覚える必要が出てきます。

02 クロスオーバードライブ

突き出す腕と脚が対角になるため、力を発揮しやすい体勢になる。ドライブ時のフットワークの基本になる

03

どれだけ優れたフットワークでもパターンを読まれてしまうと簡単に止められてしまう。それを防ぐためには様々なフットワークを習得する必要がある

ドリブルの基本③

ドライブを仕掛けるシチュエーション

1on1を優位に展開できる状況でドライブを仕掛ける

ドライブとはドリブルによってディフェンスエリアに切り込み、ゴールに向かうプレーを指します。したがって自陣に下がっているディフェンスに対して、バックコートからフロントコートへとボールを運ぶプレーはドライブには該当しません。ここでは、ディフェンスが自陣のスリーポイントラインあたりからマッチアップする「マンツーマンディフェンス」時のドライブについて解説します。

競技力に大きな差がない場合、スペースのある1on1ではオフェン

01 ドライブを仕掛けるシチュエーションとは、マッチアップしているディフェンス以外の影響を受けずに1on1ができるスペースがあるもしくはスペースが作り出された状況である

ス側が有利になります。またゴールに近いほどショットの成功率が高くなります。しかしディフェンス側もドライブを阻止してきます。そのためオフェンスとディフェンスが、がっぷり四つでは、ドライブは困難となります。つまりボールマンが他の選手とマッチアップしているディフェンスの影響を受けずに1on1ができるスペースがある、もしくはスペースが作り出された状況がドライブを仕掛けるシチュエーションとなります。

このシチュエーションを作り出すためには、オフェンス側はボールムーブやカッティング、スクリーンプレーなどを活用します。またマッチアップするディフェンスがゴール側に下がっている場合はドライブではなく、ショットが有効です。

ドライブでゴール付近に侵入すると他のディフェンスも詰めてくるため、他の選手がオープンになります。とくにアウトサイドの味方にボールが渡った場合には、ロングクローズアウトのシチュエーションになります。この状況もドライブを仕掛けるシチュエーションです。ディフェンスはアウトサイドショットを阻止しようと飛び出してくるため、逆方向への移動となるドライブはディフェンスにとってカウンターとなるため対応が困難になります。

02

ロングクローズアウトの状況もドライブを仕掛けるシチュエーションとなる

ドリブルテクニック①

コントロールドリブル

01

ドリブルで重要なことはトリプルスレットの時間を長くすることであり、そのためには強くボールを突く必要がある

ボールを強く突くことでトリプルスレットを長くする

ドリブルでは、バウンドしたボールを腰付近（ズボンのポケットのある位置）に引き上げ、そこからフロアにボールをバウンドさせることを繰り返します。この位置からドライブしたり、ショットを放ったり、ノーマークの味方にパスをしたりします。すなわち、ドリブル中の「トリプルスレットポジション」であり、ボールの上部に触れている状態です。

ドリブル中にボールをコントロールできるのは、手がボールについている局面だけです。手がボールに触れている時間を長くすることで、ド

強く突いたボールは慣性を伴って戻ってくる

03

ボールに戻る力があることで相手に脅威を与えるトリプルスレットポジションを長くできる

リブル中のトリプルスレットを長くすることができます。つまりディフェンス側にとって脅威となる時間を長くすることができるのです。

ドリブル中にトリプルスレットポジションをとるポイントは、ボールを強く突いてバウンドさせることです。強く跳ね返ってきたボールには慣性(※)があるため、ボールが手に触れている時間が長くなります。またボールを強く突いてバウンドさせるためには、肘より先の動きだけでは不十分です。肩甲骨や肩、肘、手首などの関節を動かす筋肉を使い、大きなパワーをボールの中心付近に伝えてドリブルをします。

※物体が常に現在の運動状態を保とうとする性質

前進するドリブル

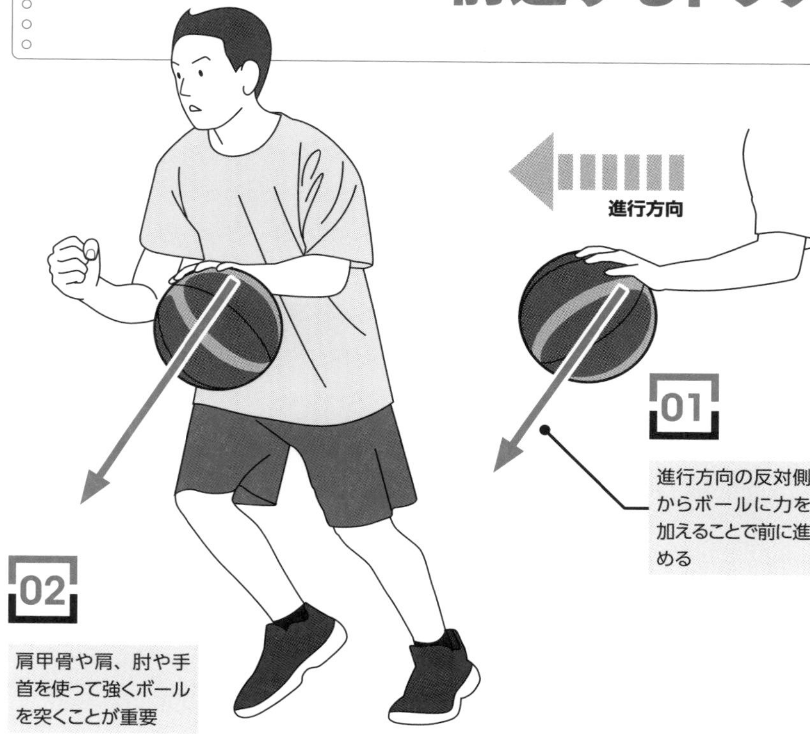

ボールの後ろ側から前に向かって突く

前進するドリブルとは、バックコートからフロントコートにボールを運ぶ場合のドリブルです。

前に進むためには、ボールに対して進行方向と反対側の面に触れる必要があります。そうすることでボールを進行方向へと進ませることができます。

前進するドリブルもコントロールドリブルと同様にボールを強く突いてバウンドさせることが重要です。エリアによってはショットの可能性は低いことがありますが、パスを出す可能性は十分にあります。したが

03

って、ボールを強くフロアにバウンドさせることにより、手がボールについている局面を長くし、ドリブルを継続するのか、はたまたパスをするのかの選択ができる時間を確保します。

初心者の場合、前進するドリブル時に自身の足にボールを当ててファンブルしてしまうケースが見受けられます。この原因は肘より先の動きだけで前にボールを突いてしまうことです。コントロールドリブルで紹介したように肩甲骨や肩、肘や手首といった関節を動かすことで、身体の前だけでなく側面でもボールを突くことができ、自身の足に当てるファンブルを防げます。

スピードドリブル

ボールをより前方に突き1歩で移動する距離を増やす

ファストブレイクなどの状況では、速いスピードで前進するドリブルが求められます。スピードドリブルでは、バウンドの少ないドリブルで走る局面を長く確保することが求められます。ボールを1回突く間に大きく移動してスピードを殺さないようにするのです。スピードドリブルも前進するドリブルと同様に、ボールに対して進行方向と反対側の面に触れ、ボールを押し出して強く前方に叩きつけます。前方のどのエリアにボールを叩きつけるかはドリブラーの走力によって異なりますが、バウ

02 バウンドしたボールは勢いを失うためバウンドが低くならないように強く突く

03 自分が前方に突いたボールに追いつくことができる範囲を知ることがとても重要になる

ンドしてきたボールに追いつくことができる範囲で、可能な限り前方にボールを突きます。そのため自分が前方に突いたボールに追いつくことができる範囲を知ることがとても重要です。

ただしバウンドしたボールは勢いを失います。つまりバウンドしてくるボールの高さが低くなり、次に続くドリブルやアクションにネガティブな影響を与えてしまうこともあります。バウンドしてきたボールの高さが低くならないよう、フロアに強く叩きつけることとフロアにボールが侵入する角度を考慮してドリブルを突きましょう。

チェンジ・オブ・ペース

ステップの使い方でスピードに変化をつける

スピードドリブルから急激に減速し、ディフェンスが反応してスピードを緩めたタイミングで急加速するチェンジ・オブ・ペースは、ディフェンスを抜き去る手段として有効です。チェンジ・オブ・ペースには減速時にワンドリブルをつかずに再加速するテクニックもありますが、ここでは減速でワンドリブルを突くテクニックを紹介します。

チェンジ・オブ・ペースで加速する局面はスピードドリブルと同じです。一方で減速する局面では前進するボールに対してボールの前方から手を

被せてボールの進行を止め、手を添えている間に身体も減速させます。しかし身体は完全に停止するわけではありません。例えばディフェンスに並走されて追いつかれそうな場面では、1歩を大きく緩やかに出すことでディフェンスをコースに入り込ませないようにします。その際にはフロアに接地している脚で大きな力を発揮し、減速する必要があります。

また、ヘルパーとの駆け引きも含めたチェンジ・オブ・ペースでは細かいステップでの減速により、次の進行方向を予測されないようにします。そして減速した後は、コントロールドリブルでワンドリブルをし、スピードドリブルへ移行します。

ショートドリブル

ショートドリブル

指の腹でボールをコントロールし、手首の関節の小さな可動だけでボールを突く

指の腹だけを使って低いバウンドをさせる

接近するディフェンスが複数いる場面では、スピードドリブルのような高いドリブルは有効ではありません。こうした場面では、ボールを細かくバウンドさせるショートドリブルが有効となります。ショートドリブルは低い位置でボールを扱うため、ディフェンスが普通に構えた姿勢では手が届かなくなります。ショートドリブルのポイントですが、コントロールドリブルのように肩甲骨や肩、肘や手首のように複数の関節を動かすと高いバウンドになってしまいます。そのため指の腹でボールをコン

02
コントロールドリブルからショートドリブルへ移行する

03
フロアに手をつけるようにボールを追いかける

トロールし手首の関節の小さな可動だけでボールを突きます。また手のひらがボールに触れてしまうと手の関節が大きく動いてしまうため、指の腹だけをボールに触れさせてより低いバウンドにします。

ここで、コントロールドリブルからショートドリブルへの移行について紹介します。コントロールドリブルでフロアにバウンドさせたボールは、そのままだと高くバウンドしてしまいます。そこでコントロールドリブルで指先から離れたボールを追いかけ、手をフロアにつけるようにしてバウンドしてきたボールを低い位置で迎えてショートドリブルへと移行します。

ドライブ時のドリブル

ワンドリブルの際に様々な選択肢を持つ

3ポイントライン付近からドライブを仕掛けるシチュエーションです。

ドライブ時のドリブルでは、ゴールに向かって前進するドリブルを1つ突き、バウンドしてきたボールが手に触れた時には、様々な選択肢を持てるようにします。

例えばゴールまでのコースが開けていれば、もう一度ドリブルを突き出してゴールに向かいます。マッチアップするプレーヤーがコースに入り込んできたら、リトリートドリブル（46ページ）で下がります。ヘルパーが近づいてきたらパスをします。

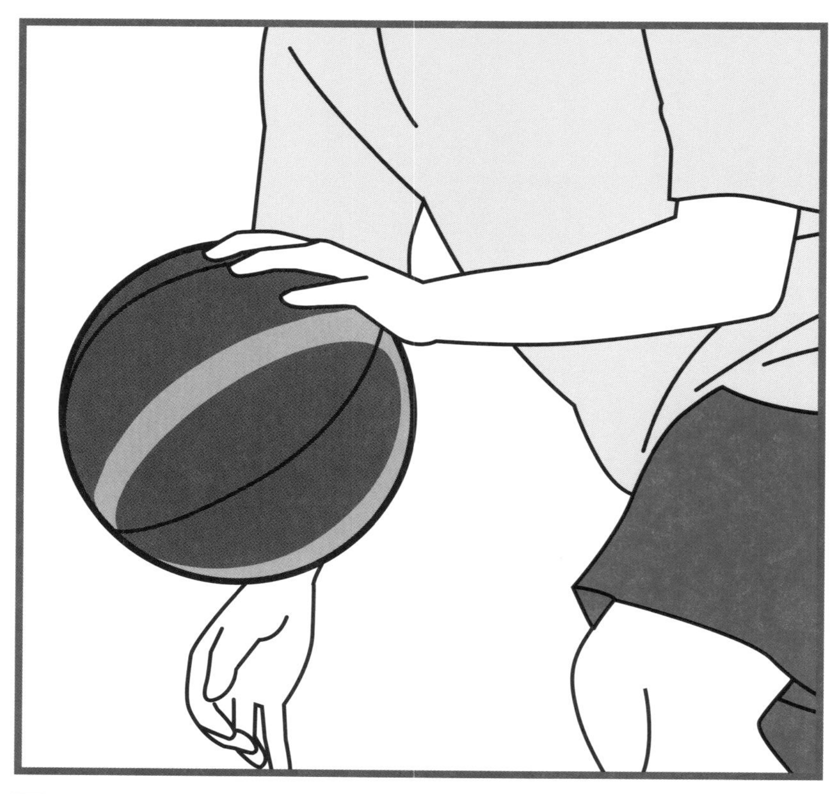

03 指の腹や手のひらのふちがボールの側面にかかっていると、ボールを様々な方向にコントロールできる

ボールが手に触れる時に様々な選択肢を持つためには、ボールが手に触れている時間を長くします。上部からボールに触れられると状況に応じてボールに巻き込む手の方向を変え、様々な選択をすることができます。もちろん、上部からボールに触れている状態は、指の腹や手のひらのふちの部位はボールの側面にかかっているため、手をボールに巻き込まずとも、ボールを様々な方向にコントロールすることができます。ステーショナリー（立つ）な場面でもドライブ時に身体が前傾している状況でも、上部からボールに触れることが基本になります。

フロントチェンジ

ワンバウンドでボールを左右に動かす

ドリブル中に身体の「右から左」や「左から右」へとボールの位置を変える、すなわち横方向へとボールを移動させるドリブルチェンジという動きがあります。ドリブルチェンジのなかからまずは、身体の正面でボールを交差させるフロントチェンジを紹介します。

横方向へボールを移動させる場合、ボールを進行させたい方向と反対側のボールの面に触れる必要があります。フロントチェンジでも肘から先の動きだけではボールの側面に触れることが難しいため、ボールの位置

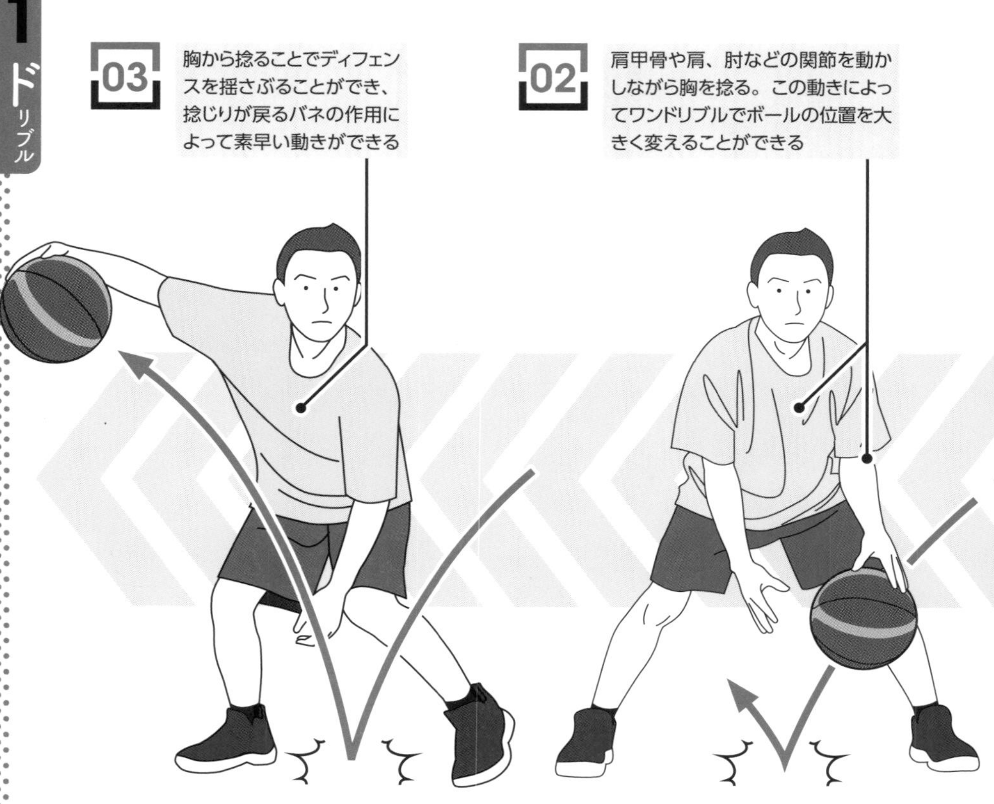

を左右に変えるためには何度もドリブルを突く必要が出てしまいます。肩甲骨や肩、肘などといった関節を動かしながら胸を捻ることで、ワンドリブルで左右へとボールの位置を大きく変えることができます。

ボールをバウンドさせる際にはボールを手のひらで押し出し、指の腹でコントロールします。また胸から捻ることによって上半身の正面が一方に向くため、ディフェンスを揺さぶることもできます。さらには胸から捻ることにより筋肉や腱が伸長され、次に逆方向へ身体を動かす時にバネ作用となり、素早いフロントチェンジへとつなげられます。

スピードクロスオーバー

スピードに乗って行うフロントチェンジ

フロントチェンジは、スピードドリブルでバックコートからフロントコートへ進む際にディフェンスと対峙した状況でも用います。速いスピードで前進する際に用いるフロントチェンジはスピードクロスオーバーと呼ばれ、フロントコートでディフェンスと対峙した時に使うフロントチェンジとは少し異ります。

スピードクロスオーバーでは、フロントチェンジで紹介したような事前に胸を捻る動作はありません。胸の捻りを入れると、前進するスピードが落ちてしまうからです。スピー

ディフェンスの手の届かないコースにボールを低くバウンドさせる

ディフェンスの近くを通過し、最短距離でリングに向かうことができる

ドクロスオーバーではスピードを落としたくはありません。スピードドリブルと同様に、バウンドしたボールに追いつくことができる範囲内で、可能な限り前方にボールをバウンドさせてスピードを維持します。

　また、ディフェンスの手の届かないコースにボールをバウンドさせます。ただしスピードに乗った状態でのクロスオーバーのため、ディフェンスが移動して反応することは困難になります。そのため比較的簡単にディフェンスの近くを通過し、最短距離でリングに向かうことができます。

インサイドアウトドリブル

ボールを強く突いて
慣性を生み出す

ボールを手に引っつけて瞬時に反対方向へ動かす

インサイドアウトドリブルでは、前腕を回すことでボールの上部に触れている手をボールの外側に移動させます。手がボールをなぞるのではなく、手に引っついたボールが手の動きに合わせて向きを変えるイメージです。まず手をボールの側面に移動させ、手のひらがボールの中心付近を捉えて反対方向へ押し出せるようにします。その状態から勢いよく手のひらと指でボールの中心付近に力を加え、反対方向にボールを移動させます。

ボールが身体の中心を通過するや

否や前腕を回し、ボールの反対の側面に手を移動させ、ボールの中心付近に勢いよく力を加えます。

このときに力を加える指は親指と人差し指、中指の3本が中心となります。身体の内側へボールを移動させる際に大きな力が加わっていないと、慣性を生み出すことができません。慣性が生み出せないと3本の指でボールに力を加える前に、ボールが重力によって落下してしまいます。インサイドアウトドリブルではボールの中心付近に勢いよく大きな力を加えて、慣性を生み出すことが重要になります。

ドリブルテクニック⑩

レッグスルー

脚の間にボールを通してディフェンスから守る

ドライブ時は、ディフェンスが接近していることがあります。この場面でフロントチェンジを用いるとディフェンスの手にボールがかかり、スティールされてしまう可能性が高くなります。そこでボールを両脚の間に通す「レッグスルー」を用いてスティールされるリスクを軽減します。

初心者がレッグスルーをすると、脚や足元にボールを当ててしまうことがあります。これを防ぐためにはまず、両足を結ぶライン上にボールをバウンドさせます。バウンドする位置がこのラインよりも手前になる

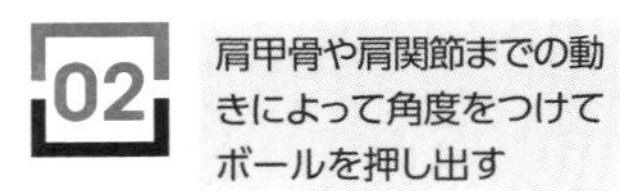

03
ボールに触れるほうの手を準備することで確実にボールをキャッチできる

と、バウンドしてきたボールが身体に当たってしまいます。

それから肩甲骨も含め、肩関節まで可動させたドリブルが必要です。肘より先の動きだけでは、フロアに対して角度をつけてボールをバウンドさせることができません。肘より先の関節の動きだけで行うとボールが真下に落ちてしまい、その後ボールが真上にバウンドし、脚部にボールが当たってしまいます。

肩甲骨や肩関節までの動きによってフロアに対して角度をつけてボールを押し出すことで、ボールが角度を持って跳ね返ります。こうすることで脚部にボールを当てず、両脚の間を通すことができます。

フローティングドリブル

左右に大きく身体とボールを動かす

フローティングドリブルでは、バウンドしてきたボールを浮かすことでボールの滞空時間を長くし、その間に大きく移動します。

まずは勢いよくバウンドしてきたボールの重心を手のひらで捉えます。そして前腕を内側へ回転させ、親指と人差し指、中指でボールの中心付近を横に押せる位置に動かし、身体を横方向へ移動させます。身体が横方向に移動する力を先ほどの3本の指に伝え、身体の移動とともにボールを横方向へと移動させます。

また身体が横方向へ移動している

02 前腕を回転させて親指と人差し指、中指をボールの側面に移動させる

03 身体を横に大きく移動させてトリプルスレットを作る。移動後はディフェンスの反応を見て次のアクションに移る

間に手ひらをボールの上部へと移動させます。インサイドアウトと同様に手にボールが引っついている状態になります。そして身体が横への移動を終えた時に手のひらはボールの上部にあり、ボールの重心を捉えた状態にします。

　横に大きく動いたらディフェンスの反応を見て、リングに向かうストレートドリブルか、カウンターの動きでドリブルチェンジを入れて逆方向へとドライブする、またはショットやパスを選択します。いずれにしても横移動から次のアクションに入る前に、ドリブル時のトリプルスレットの局面を作り出すことが重要です。

バックチェンジ

ボールの重心を捉えて身体の後ろ側へ移動させる

身体の背面でボールを突き左右に移動させる

バックチェンジは身体の背面側で左右にボールを通すテクニックです。勢いよくバウンドしてきたボールの重心を手のひらで捉え、手をボールの前部へと移動させます。そして指の腹でボールの中心付近に勢いよく力を加えて慣性を生み出し、ボールを身体の後方へと移動させます。

ボールが身体の後方へ移動している間に肩甲骨を引き、ボールの側面から後面へと手を移動させます。このときも手の動きに合わせてボールも引っついている状態になります。ボールが身体の後方へ移動したら、

肩甲骨を引いてボールの後面へ手を移動させる。指の腹で力を加えて反対側にボールを押し出す

バウンドしてきたボールを見て確実にボールの重心を捉える

ボールの後面から指の腹で力を加え、反対側にボールを押し出してバウンドさせます。このときにボールの前面から大きな力を加えないと慣性を生み出せず、ボールは重力によって落下してしまいます。

ボールを見ながら、確実に手のひらでボールの重心を捉えるようにします。見ることをおろそかにしてボールの重心が手のひらから外れると、次のよいアクションにつなげられません。トッププレーヤーでもディフェンスを抜く場合のバックチェンジでは、バウンドしてきたボールを目視します。一瞬視線が切れてしまいますが、ボールの重心を手のひらで捉えることを優先してください。

ロールターン

ドリブルをしていた手でボールに触れるターン

バックターンには、ドリブルをしていた手と反対側の手でボールに触れてからターンをする方法と、ドリブルをしていた手でボールに触れターンをする方法（ロールターン）があります。ゲームでは主にロールターンが用いられます。

ロールターンの欠点はビジョンが切れてしまうことで、ビジョンが切れる時間を短くするためには身体の回転よりも先に首を振ってビジョンを回復します。またターン中にボールが身体から離れてしまうと、素早く回れなくなります。ボールを身体の近くに置いて素早くターンができるようにします。

ロールターンではバックチェンジと同様、勢いよくバウンドしてきたボールの重心を手のひらで捉え、手

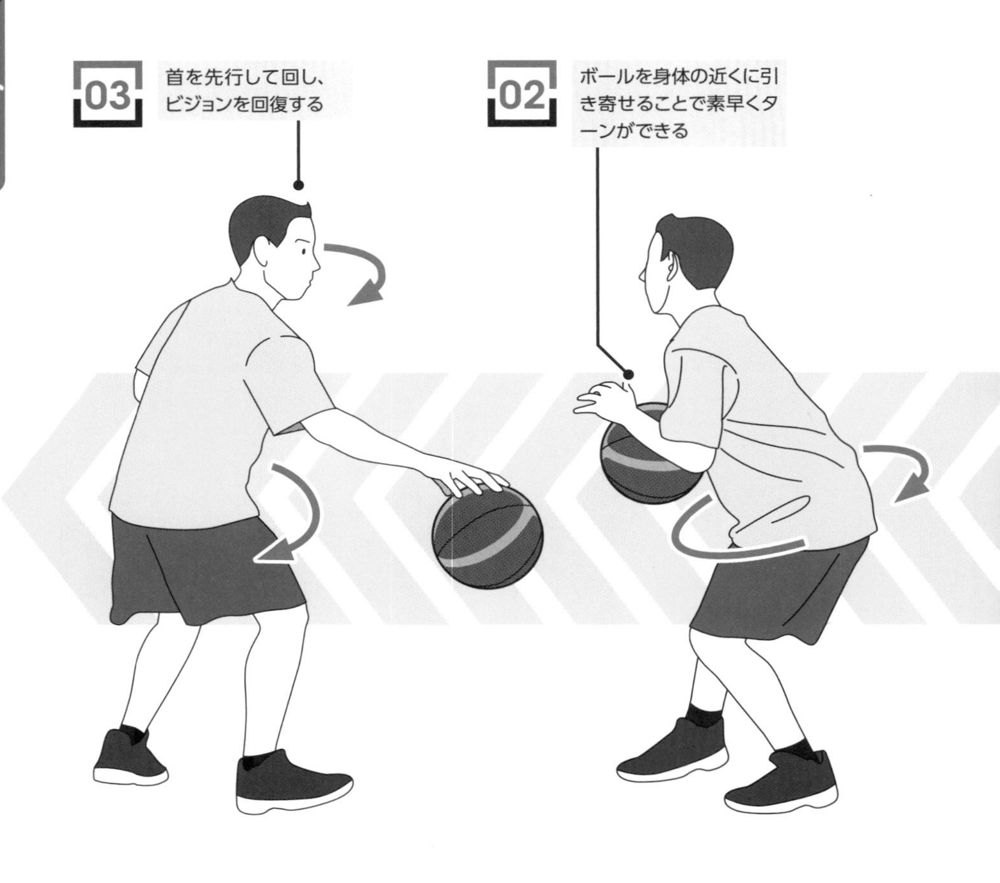

をボールの前部に移動します。そして勢いよくバックターンをしてボールに遠心力を生み出します。またバックターンに合わせて肩甲骨を引くことによってさらにボールに勢いが加わり、ボールが手に引っついてくる状態になります。

ロールターンではボールに対して大きな遠心力が働くため、ビジョンが切れるという欠点はありますが、ターン後のボールのコントロールがしやすくなります。ドリブル中に「ボールを自由にコントロールできる」感覚を最も得られるのがロールターンであり、ターン後は簡単に様々な方向へドリブルを突き出すことができます。

リトリートドリブル

後ろへ下がることでプレーの選択肢を広げる

ディフェンスが接近した状態でのドリブルでは、ディフェンスに対して半身になったり、背を向けたりしてボールをプロテクトします。しかしこうした状態では次のプレーの選択肢が限定されてしまいます。そこで一度ディフェンスから下がって離れ、選択肢を広げることを目的にするドリブルがリトリートドリブルです。

リトリートドリブルはフローティングドリブルと似ています。リングに対して身体を横向きにし、バウンドしてきたボールの重心を手のひら

で捉え、その直後に前腕を内側へと回転させます。親指と人差し指、中指がボールを後方へ押せる位置に達した時点でリング側の脚でフロアを蹴り、リングと反対方向へ移動します。この時に手の動きでボールを移動させるのではなく、身体がリングと反対方向へ移動する力を3本の指に伝え、身体の移動とともにボールも移動させます。手の動きでボールを移動させようとすると、リングから遠い方の脚にボールを当ててしまうことがあります。

そして身体がリングと反対方向に移動している間に手ひらをボールの上部へ移動させ、ドリブル時のトリプルスレットを作り出します。

パワードリブル

ディフェンスに力強くコンタクトすることで、自由に動くためのスペースを作り出す

力強くコンタクトして動くスペースを作り出す

ゴール付近では、両手でボールをバウンドさせるパワードリブルを用いることがあります。バスケットボールのルールでは両手でドリブルを繰り返し突くことが禁じられていますが、1回のドリブルに限り両手で突くことが認められています。ゴール付近はディフェンスが密集するため、自由にジャンプしたり、ボールをコントロールすることが難しくなります。そこでパワードリブルを用いてディフェンスに力強くコンタクトすることで、自由に動くためのスペースを作り出します。ゴール側の

脚を踏み出すタイミングで、身体の近くで両足の間に力強くボールをバウンドさせます。ボールが手から離れるのはフロアのギリギリの高さで、同じ高さでバウンドしてきたボールを捉えます。ディフェンスが密集しているため、低くボールをバウンドさせることでスティールされるリスクを減らします。さらにボールを低く力強くバウンドさせる姿勢は、ディフェンスにコンタクトしてスペースを作り出すための力強い姿勢にもなります。イメージとしてはスクワットの姿勢です。腰や背中を丸めずに背中をフラットにし、骨盤を前傾させたコンタクトしてもバランスが崩れない力強い姿勢を作ります。

「テクニックの習得過程」

流通経済大学スポーツコミュニケーション学科
RKU BASKETBALL LAB“バスラボ”
平賀 かりん

私が中学生の頃は、バスケットボールのテクニック名をはじめ知らないことがたくさんありました。私自身、何も考えず感覚的にプレーをしていたため、使用していたテクニックに名前があることすら知りませんでした。そのなかの2つが「ユーロステップ」と「フローターショット」です。

当時の私にとって「ユーロステップ」と「フローターショット」は得点するために必要なテクニックでした。しかしこの2つのテクニックを特別に練習したわけではなく、感覚的にプレーしているなかで身についたものでした。この経験からテクニック自体の習得練習をしなくとも、そのテクニックを用いざるを得ない状況を作り出せば、自然とテクニックを習得していくと考えられます。そして状況を打開するために習得したテクニックは、ゲームでも存分に発揮することが期待できます。

PART 2

パス

パスは最も早くボールを移動させることができます。多彩なパスを操れるようになることで、多くのチャンスを作り出すことができ、より精度の高いショットにつなげることもできるようになります。

パスの基本①

質の高いパスを放つ

疎かにされがちなパスのテクニック

パスはボールを移動させる方法の1つです。パスの場合はレシーバーのキャッチテクニックが高ければ広い範囲でキャッチをしてくれるため、ショットと比べるとパスのターゲットは広いと言えます。そのためパスのテクニックは疎かにされがちです。

パスの成功をどのように捉えるかによってテクニックに求められる精度が変わります。例えば「レシーバーがキャッチできればパスの成功」と捉えた場合、それほどテクニックの精度を求める必要はありません。しかし実際にはパスを受けたレシー

01

パスをキャッチした後はスムーズに次のプレーに移行することが望ましい。そのためにはレシーバーの正面かつ腰から首までの空間にパスを出す

バーはドリブルやショットなど次の動作に移ります。そのためパスの成功とは「レシーバーが次の動作にスムーズに移行できる位置に出すこと」と言えます。

レシーバーが次の動作にスムーズに移行できる位置ですが、我々は日常生活においてほとんどの作業を身体の正面で行っています。つまり身体の正面の空間でボールをキャッチできれば、次の動作にスムーズに移行できます。

さらにキャッチ後の動作であるドリブルやショット、パスの多くは指を上に向けてボールを保持している状態（前腕の回内位）から始まります。

この状態にスムーズに移行できるように身体の正面で捕る場合、腰よりも上でボールを保持する必要があります。ただし顔の前でキャッチしてしまうと、ボールに視界が遮られ、状況の把握や判断が遅れてしまいます。そのためパスはレシーバーの正面であり、腰より上で首から下の空間に出すことが求められることになります。したがって、より上質なパスを追求するのであれば、ショット同様にパスのテクニックにも高い精度が求められるのです。

02

どのような体勢や種類でもレシーバーがキャッチ後、スムーズに次のプレーに移行できる精度のパスを目指す

ボックスから外して片手でリリースする

パスを大きく分けると両手で出すパスと片手で出すパスがあります。しかし競技レベルが上がると、ゲーム中に用いるほとんどのパスは片手でリリースします。両手で出すパスはオーバーヘッドパスやバックコートからフロントコートへのリードパスくらいです。

片手でリリースするパスでもドリブルと同様に、手のひらをボールに接触させて重心を捉えます。手のひらでボールの中心付近に力を加えてボールを押し出し、ボールが手から離れる際には指先で最終的なコント

パスの基本②

基本的な身体操作

ロールをします。パスの初動時に手のひらでボールに力を加えることで、大きな力を伝えることができます。

大きな力が加わったパスは素早いパスになります。ディフェンスはパスとして出されたボールが空中にある間にディフェンスポジションを変えます。したがってパスが速いほど、ディフェンスは適切なディフェンスポジションに位置することが難しくなります。逆にいうとレシーバーがキャッチした時点で大きなアドバンテージを得られることになります。コンマ数秒の到達時間の違いが、レシーバーのキャッチ後の景色を変えるのです。

また、ゲーム中のほとんどの場面で両肩と両腰とを結ぶボックスからパスが出されることはありません。ボールマンにはディフェンスがマッチアップしているため、両肩と両腰とを結ぶボックスからパスを出すと、ディフェンスを避けられずスティールされてしまうからです。つまりゲーム中では、両肩と両腰とを結ぶボックスから外れた位置から片手でリリースするパスが求められます。

03

ゲーム中のパスは両肩と両腰とを結ぶボックスから外れた位置から片手でリリースする

パスを狙うシチュエーション

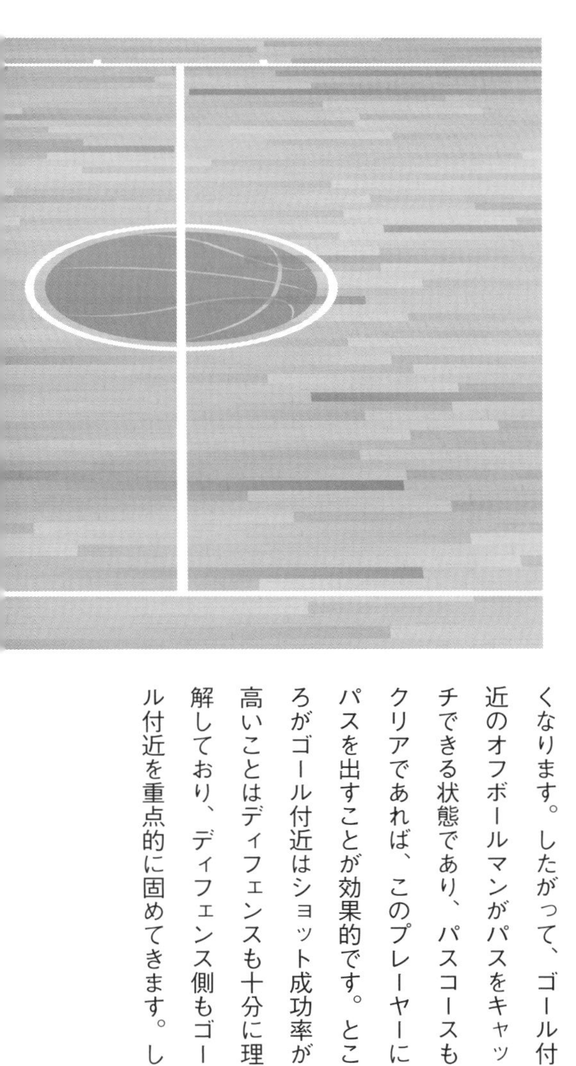

ショット成功率が高いエリアかつオープンな選手が狙いどころ

バスケットボールはより多く得点をしたチームが勝利しますので、得点の期待が高いプレーヤーにショットを放たせます。この得点の期待が高いプレーヤーの状態について解説します。

ショット位置がゴールに近いほどショット成功率は高くなります。つまりゴール付近のプレーヤーは得点が期待できます。またゴール付近のプレーヤーはファウルをされる可能性が高いため、最も期待値の高いフリースローを獲得できる可能性も高くなります。したがって、ゴール付近のオフボールマンがパスをキャッチできる状態であり、パスコースもクリアであれば、このプレーヤーにパスを出すことが効果的です。ところがゴール付近はショット成功率が高いことはディフェンスも十分に理解しており、ディフェンス側もゴール付近を重点的に固めてきます。し

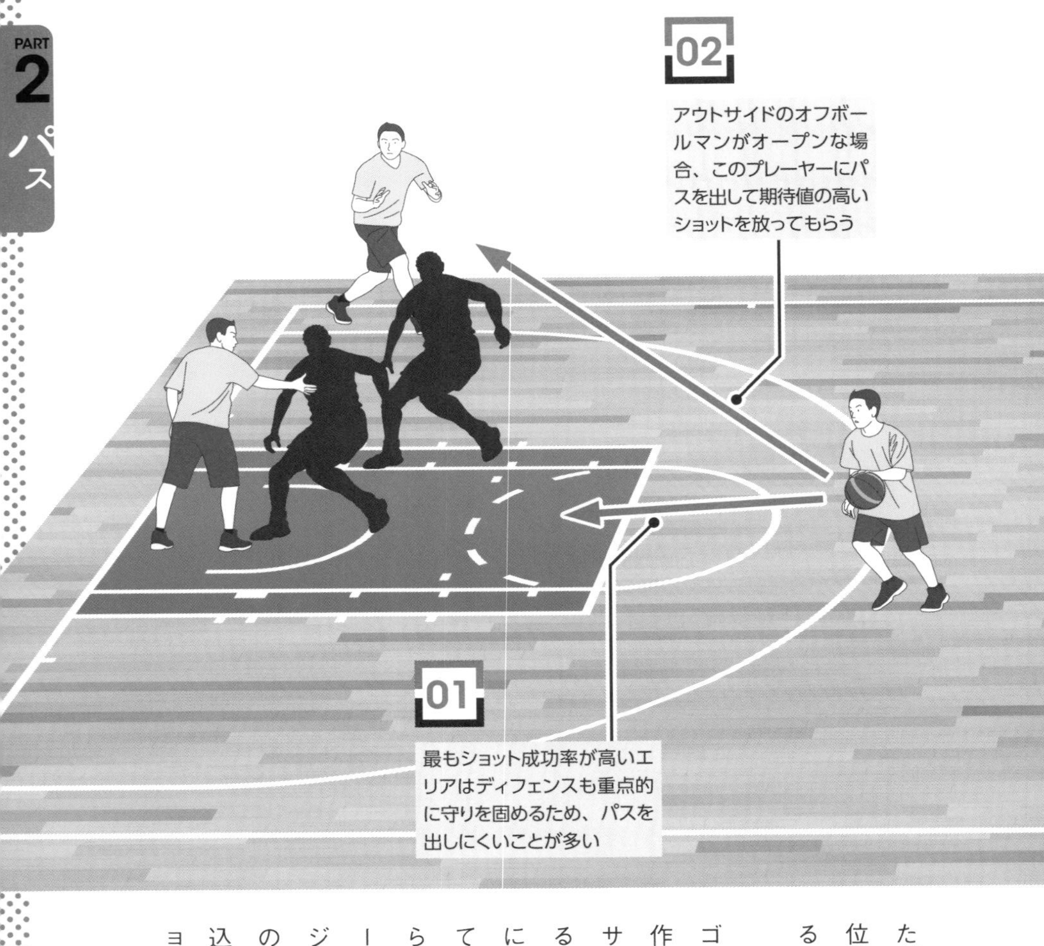

たがって、なかなか、ゴール付近に位置するオフボールマンにパスをすることはできません。

一方でアウトサイドのエリアは、ゴール付近と比較してパスコースを作りやすくなります。そこでアウトサイドのショットレンジエリアにいるオフボールマンがオープンな場合には、このプレーヤーにパスを出して成功率の高いショットを放ってもらいます。とくに、3ポイントフィールドゴールエリアのショットレンジにいるオフボールマンがオープンの場合、期待値の高いショットが見込めるのでパスを出すシチュエーションと言えます。

パスを受ける側の基本（ポジション取り）

パスコースを作りボールマンのビジョンに入る

キャッチの重要性は10～13ページで述べましたが、キャッチ時の身体操作と合わせて、キャッチするポジションも重要になります。ボールマンのパス能力が高い場合はパスコースが塞がれていても、ディフェンスの股の間など立体的なパスコースを作り出すことができます。こうしたパスシーンは、NBAやBリーグのハイライトで見られ、我々を魅了します。ところが立体的なパスコースを創出できるプレーヤーは多くありません。したがって、パスコースを作り出すためにはボールマンだけでなく、

オフボールマンの移動も重要です。

まず、オフボールマンは自分とボールマンとの間に他のプレーヤーがいないエリアに移動します。また、自分の背面にいるオフボールマンにパスを出せるプレーヤーは多くありませんので、オフボールマンはボールマンの正面から側面に位置することが求められます。

ただしあるプレーでディフェンス側が一定の動きをした場合、必ずボールマンの背後のプレーヤーがオープンになることをチームとして共通の理解をしていれば、オフボールマンがボールマンの背面のエリアに移動する方法も有効です。

ワンハンドプッシュパス

手のひらで力を加え指先でコントロールする

ワンハンドプッシュパスは片手でボールを押し出すパスです。パスの基本的な身体操作で紹介したとおり、手のひらをボールに接触させてボールの中心付近に力を加え、ボールを押し出します。そしてボールが離れる局面では、指先で最終的なコントロールをします。手のひらでボールの中心付近に力を加えることにより、ボールに大きな力が加わります。

ワンハンドハンドプッシュパスで最終的にリリースをする指は人差し指と中指、もしくはそのどちらかになります。ゲーム中はディフェンス

のプレッシャーなどにより、手のひらでボールの重心を捉えきれないことがあります。そのような場合には小指や薬指を用いてボールの軌道をコントロールしますが、多くのプレーヤーはこのような動作を無意識的に行っています。

指でのコントロールを疎かにしてしまうとパスコースが数センチ外れることになります。そうなると次のレシーバーのアクションがコンマ数秒遅れ、得点の機会を失くしてしまう可能性が高くなります。パスの指でのコントロールは、次のプレーに繋がる重要な要素になるのです。

パステクニック②

ワンハンドバウンスパス

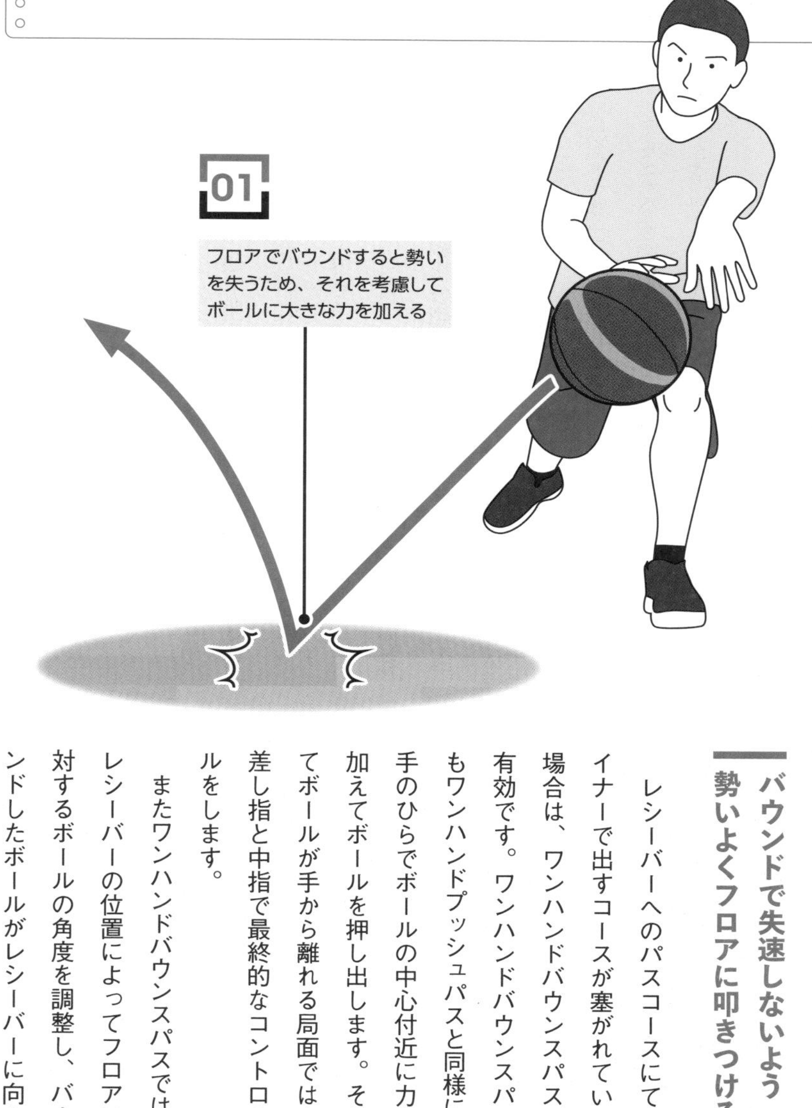

バウンドで失速しないよう勢いよくフロアに叩きつける

レシーバーへのパスコースにてライナーで出すコースが塞がれている場合は、ワンハンドバウンスパスが有効です。ワンハンドバウンスパスもワンハンドプッシュパスと同様に、手のひらでボールの中心付近に力を加えてボールを押し出します。そしてボールが手から離れる局面では人差し指と中指で最終的なコントロールをします。

またワンハンドバウンスパスでは、レシーバーの位置によってフロアに対するボールの角度を調整し、バウンドしたボールがレシーバーに向か

02 ピック＆ロール時にはボールをフロアに落とすように出すこともある

うようにします。ただしボールがバウンドすると勢いを失うため、素早いバウンスパスを出すためにはボールに大きな力を加え、勢いよくボールをフロアに叩きつけます。

ピック&ロール時にワンハンドバウンスパスを出すケースなどは、プレーヤー間の距離が短くディフェンスも密集しています。このようなケースではボールをフロアに叩きつけるというよりは、ドリブルからピックアップしたボールをフロアに落とすように、小さなモーションのワンハンドバウンスパスを出します。

ドリブルワンハンドプッシュパス

ドリブルの慣性を活かして片手で出すパス

ドリブルしているボールを両手で保持せず、ドリブルをしているほうの手で出すパスがドリブルワンハンドプッシュパスです。片方の手でディフェンスを押さえながら、もう一方の手でボールをピックアップしてパスを出すことができます。

ドリブルではバウンドしたボールを脇の下かつ腰付近に引き上げ、ドリブル中のトリプルスレットポジションをとります。このドリブル中のトリプルスレットは、バウンドしてきたボールを両手で保持することなくパスができる状態になります。

ここではドリブルハンド側へのレシーバーに出すドリブルワンハンドプッシュパスを紹介します。バウンドしてきたボールの重心を手のひらで捉えて肩甲骨を引き、肘を曲げて手のひらをレシーバーに向けます。手のひらがレシーバーに向いたタイミングで、手のひらでボールの中心付近に力を加え、指で最終的なコントロールをします。ドリブルワンハンドプッシュパスではボールを両手で保持せずに多くのアクションを実行するため、ドリブルでの強いバウンドによって慣性を生み出すことが必須です。また片手でボールに大きな力を加えるためには、肩甲骨の可動域を大きくすることが必要になります。

ショルダーパス

全身を使って大きな力で遠くへ出すパス

ショルダーパスは肩の辺りでボールを構え、野球のオーバースローのように身体全体を使ってボールを出します。長いパスが出せますが全身を使うためにパスモーションが大きくなり、ディフェンスにパスコースが読まれやすいというデメリットもあります。そのためディフェンスが近くにおらず、同時にレシーバーの周りにディフェンスがいない、例えばファストブレイクなどで有効となります。野球のボールのようにバスケットボールを指先で掴むことはできないため、ボールだけを身体から大

きく離して身体の後方で扱うことはありません。ボールを肩に引きつけ、ボールの後方から手のひらでボールの中心付近に力を加えて押し出します。バスケットボールでは、ピボットフットによってパスハンド側の足を踏み出してパスを出すケースがあります。しかし、自由にステップを踏めるのであれば、パスハンドと逆側の足を踏み出してショルダーパスを出した方がより大きな力をボールに伝えることができます。なぜならパスハンドと逆側の足を踏み出すことによって胸を十分に回転させることができ、胸を回転させた力をボールに伝えることができるからです。

パステクニック⑤

サイドハンドパス

リリースできる範囲が広い遠心力を利用したパス

ワンハンドプッシュパスは曲げた腕を伸ばしてボールを押し出します。そのため前に出せる範囲は、腕を曲げた範囲に限定されます。一方、身体の横から前方へ押し出すサイドハンドパスは、主に肩の関節を支点として腕を振り出すことにより、ボールを前方に押し出します。つまり、腕を伸ばした状態でボールをリリースするため、ワンハンドプッシュパスよりもボールをリリースできる範囲が広くなります。例えば前方のディフェンスを大きく避けてパスを出す場合には、サイドハンドパスが有

効です。サイドハンドパスは、これまで紹介してきたパスとは身体の使い方が異なります。肩の関節を支点として腕を身体の後ろに引き、ボールをお尻の後ろあたりに位置させます。そして肩の関節を支点として腕を振り出す際の遠心力によってボールを前方に送り出し、前方へと移動している途中でリリースします。これまでのパスと違い、サイドハンドパスのリリースでは、手のひらでボールを押し出すことはしません。遠心力を利用して手に引っ掛かっているボールをリリースポイントで離すだけです。この動きによって、より身体から遠い位置でボールをリリースすることができます。

スピンパス

03

ディフェンスの手が届かないエリアにバウンドさせる。強いスピンがかかったボールはバウンド後に方向を変える軌道を描く

ボールに強いスピンをかけてバウンド後に方向を変える

68ページで紹介したサイドハンドパスは、腕を伸ばしてパスを出すためボールをリリースできる範囲が広くなります。しかし、マッチアップするディフェンスのウィングスパン(※)が長かったり俊敏であると、パスコースをふさがれます。このような場合に有効になるのがスピンパスです。

スピンパスはサイドハンドパスと身体の使い方が似ています。肩の関節を支点として腕を身体の後ろに引き、ボールをお尻の後ろ辺りに位置させます。そして肩の関節を支点として腕を振り出す際の遠心力によっ

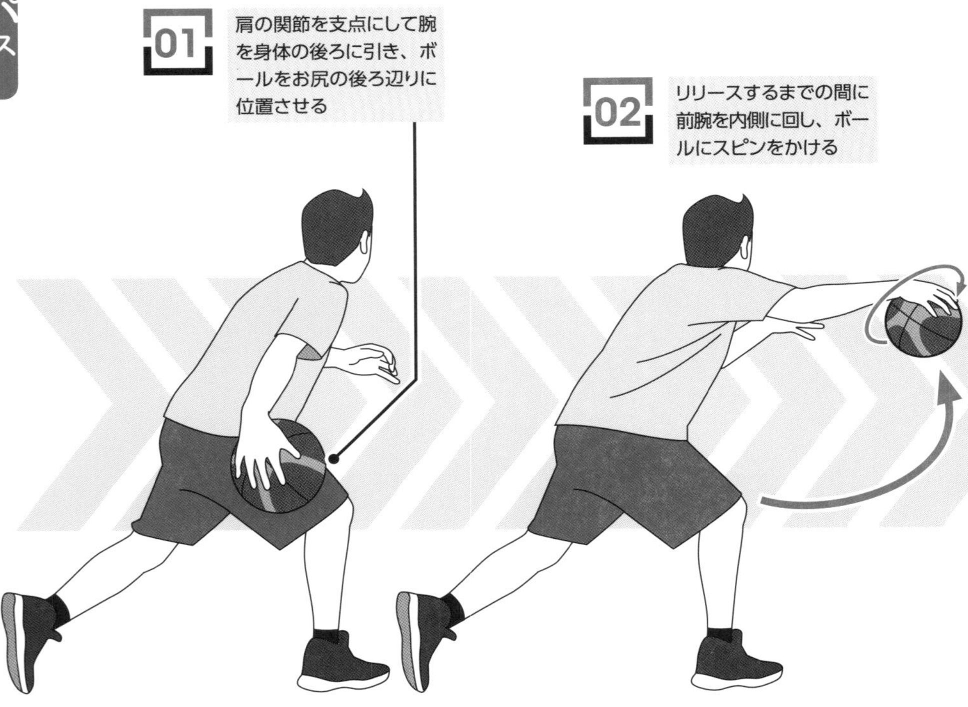

て前方に送り出し、前方へ移動している途中でボールをリリースします。そしてお尻の後ろ辺りに位置させてからリリースするまでの間に前腕を内側に回し、ボールにスピンをかけディフェンスの手が届かないエリアにバウンドさせます。ボールに強いスピンをかけることによりバウンド後のボールは方向を変え、ディフェンスの背後にいるオフボールマンへと送られます。

なお利き手と反対側のスピンパスでは両手を用いる場合もありますが、両手では回転数を多くすることが難しいため、反対側の手でも片手でスピンパスを出せるようにしましょう。

※両腕を左右にかつ水平に広げたときの、指先から指先までの長さのこと

ラテラルパス

身体の向きを変えずに側方に出すパス

これまで紹介したパスは主に前方にボールを送るパスでした。もちろんワンハンドプッシュパスは側方へのパスも出せますが、肩甲骨の可動域がかなり広くない限りは身体の向きを変える必要があります。そうなると身体の向きを変えてパスをする間にディフェンスにアジャストされてしまいます。ここで紹介するラテラルパスは、身体の向きを変えずに身体の側方へボールを出すパスです。

ドリブルでもパスキャッチでも片方の手のひらでボールの重心を捉えます。この状態から、両腕の前腕を

03

身体の方向を変えずに素早くパスを出すことでレシーバーは大きなアドバンテージを得ることができる

02

手のひらでボールの中心付近に力を加えて押し出し、最終的には指先でコントロールして側方へボールを送る

回してパスを出したいほうと反対側に手のひらがくるようにします。このときにボールをなぞるように手を動かすのではなく、手の動きに合わせてボールを回します。そして手のひらでボールの中心付近に力を加えて押し出し、最終的には指先でコントロールして側方へボールを送ります。身体の方向を変えずに、ドリブルやパスキャッチから素早いラテラルパスを出すことにより、レシーバーは大きなアドバンテージを得ることができます。

ビハインド・ザ・バックパス

ボールを背面に移動させ背面からパスを出す

ディフェンスがハーフアームよりも間合いを詰めている状況では、身体の正面でボールを扱うパスは難しくなります。ところが身体の背面にはボールを扱う空間がありますので、側面のオフボールマンにパスを出す方法としてビハインド・ザ・バックパスが有効です。利き手と反対の手でラテラルパスを出すのは難易度が上がる高度なテクニックとなるため、利き手でビハインド・ザ・バックパスを出すほうがやりやすいプレーヤーも多いでしょう。

ビハインド・ザ・バックパスでは、

02 ボールを後ろに回した遠心力を利用して手に引っ掛かっているボールをリリースポイントで離す。最後は指先でコントロールする

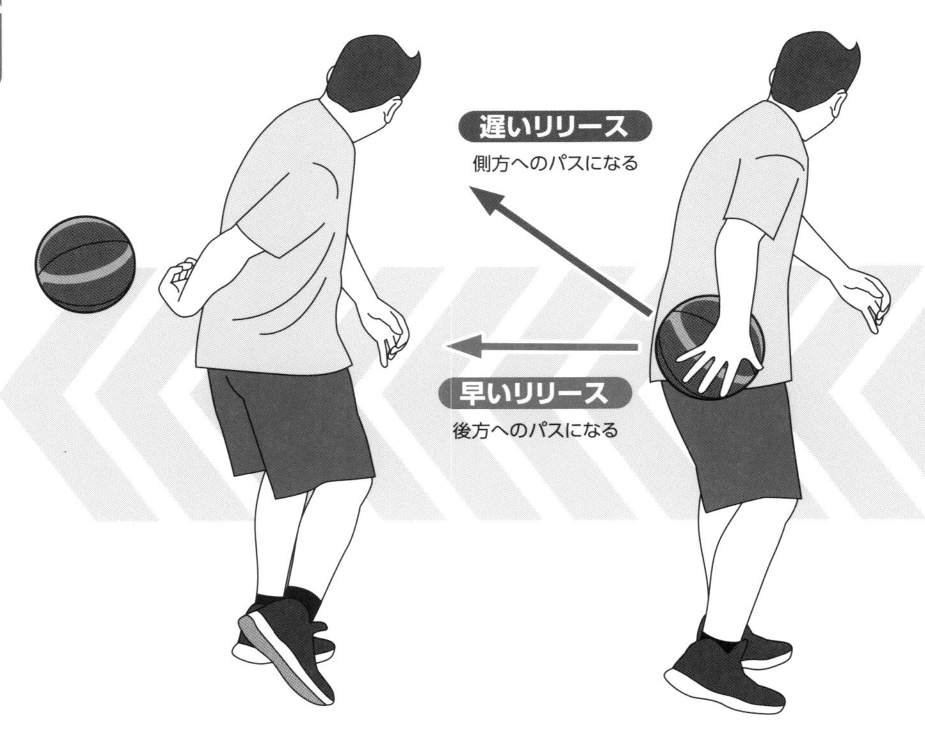

肩甲骨を引いて身体の背面へボールを回します。ビハインド・ザ・バックパスでもボールをリリースする際には、手のひらで押し出す動きは使いません。身体の背面へボールを回すことで生み出した遠心力を利用し、手に引っ掛かっているボールをリリースポイントで離し、リリースの局面では指先で最終的なコントロールをします。リリースポイントが早ければ後方に、遅ければ側方にボールが出せます。いずれにしても、ビハインド・ザ・バックパスのリリースポイントは身体の背面になるため、肩甲骨を引きつけることが求められます。

オーバーヘッドパス

01 頭の真上くらいまでボールを移動してパスモーションに入る。スローインのように振りかぶってしまうとパスモーションが大きくなるので注意する

頭上から両手で重心を捉えて出す

ボールを頭の上から出すオーバーヘッドパスは、両手でボールをリリースするパスになります。

オーバーヘッドパスでは両手でボールをリリースしますが、両手でもボールの重心を捉え、ボールの中心付近に両手で力を加えます。またサッカーのスローインのように、後頭部までボールを振りかぶらないようにします。ボールを後頭部まで振りかぶると、パスモーションが大きくなるためディフェンスにパスを読まれてしまい、スティールされる可能性が高まるからです。

オーバーヘッドパスではボールを頭上に位置させてパスモーションに入ります。トリプルスレットの状態から頭上にボールを移動させる際には、ボールに触れている手を移動さ

02

トップスピンをかけることによりボールを下降させる

せてボールを持ち変えることはありません。ボールの重心を一方の手のひらで捉え、もう一方の手で手のひらにボールを押し付けた状態から、ボールの重心を両手で捉え直すだけです。

ボールにはトップスピンをかけます。頭上からボールがリリースされるため、バックスピンをかけてボールが伸びるようにする必要はありません。それよりも、トップスピンをかけることによってボールを下降させて、レシーバーの胸元に届くようにコントロールします。前腕を回転させることなく、肘を伸ばして頭上に構えたボールをリリースするとトップスピンがかかります。

ロブパス

03

レシーバーの手が届く空間にパスを出す。レシーバーの手が届く空間にリングがありその空間にショットを放つようなイメージを持つとよい

ディフェンスの頭上を越えレシーバーの手が届く範囲に出す

76ページで紹介したオーバーヘッドパスは、アウトサイドからインサイドでポストアップしているプレーヤーへパスを出す際によく用いられます。しかし、インサイドのプレーヤーとマッチアップしているディフェンスが前に入って守って場合には、ライナー性のパスコースを作り出すことが困難になります。こうした場面ではロブパスを用い、ディフェンスを超えるようなパスでレシーバーへボールを送ります。ロブパスを出す際

には、目の前にマッチアップするディフェンスがいるため、両肩と両腰を結ぶボックスから外れた位置でボールを扱います。ディフェンスの頭上を越える軌道で、レシーバーの手が届く空間にパスを出します。イメージとしてはレシーバーの手が届く空間にリングがあり、その空間にショットを放つような感覚です。このリングがどこにあるのかは、レシーバーの身長やジャンプ力などによって変わります。

あまりにもロブパスが高すぎると、逆サイドのオフボールマンとマッチアップしているディフェンスにスティールされる恐れがあるため、ロブパスの高さには注意しましょう。

01

ライナー性の軌道でパスを出すことが難しい場合に、ディフェンスの頭上を越える軌道でパスを出す

02

両肩と両腰を結んだボックスから外れた位置でボールを扱う

ジャンプパス

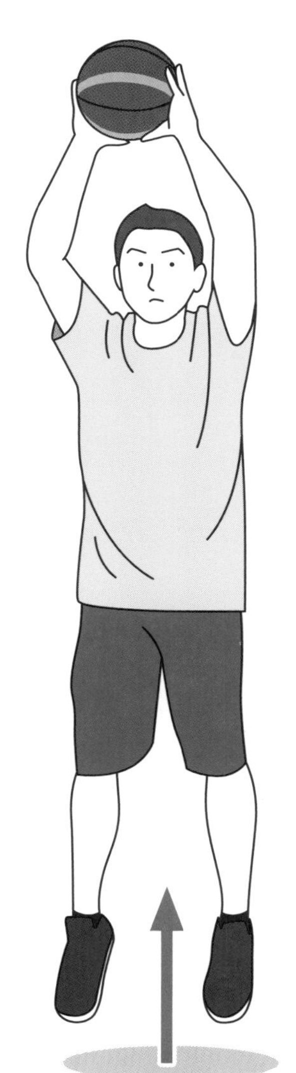

01

ジャンプするために下半身で生み出した力をボールに伝えて距離の長いパスを素早く出す

ジャンプで生み出した力をボールに伝える

76ページで紹介したオーバーヘッドパスは、ピック&ロールのユーザーがドリブルをピックアップし、逆サイドのアウトサイドにパスを出す際にも用いられます。ただし比較的距離の長いパスを素早く出す必要があるため、このようなケースで用いられるのがジャンプパスです。ジャンプをすることでその力をボールに伝え、頭上からパスを出します。

ドリブルからピックアップしたボールは体側を経由して頭上に運びます。この間にボールの重心を手のひらで捉え、反対側の手で手のひらにボールを押し付けてプルアップジャンパーやポケットパスなどを選択できる局面を作り出します。ジャンプ

パスでは、ジャンプしてからパスを出すのではなく、ジャンプをするために下半身で生み出された力をボールに伝えます。そのためジャンプからリリースまでを一連の動作として行います。

ジャンプパスを出す目的としては、混雑するエリアのディフェンスを避けたパスコースを作り出す場合もあります。しかしそこで浮いた緩いパスを出してしまうと、例えパスが成功したとしても、ディフェンスがレシーバーに詰める時間を与えてしまい、攻撃側のアドバンテージが作り出せません。したがって、ジャンプパスでも素早いパスが求められます。

フックパス

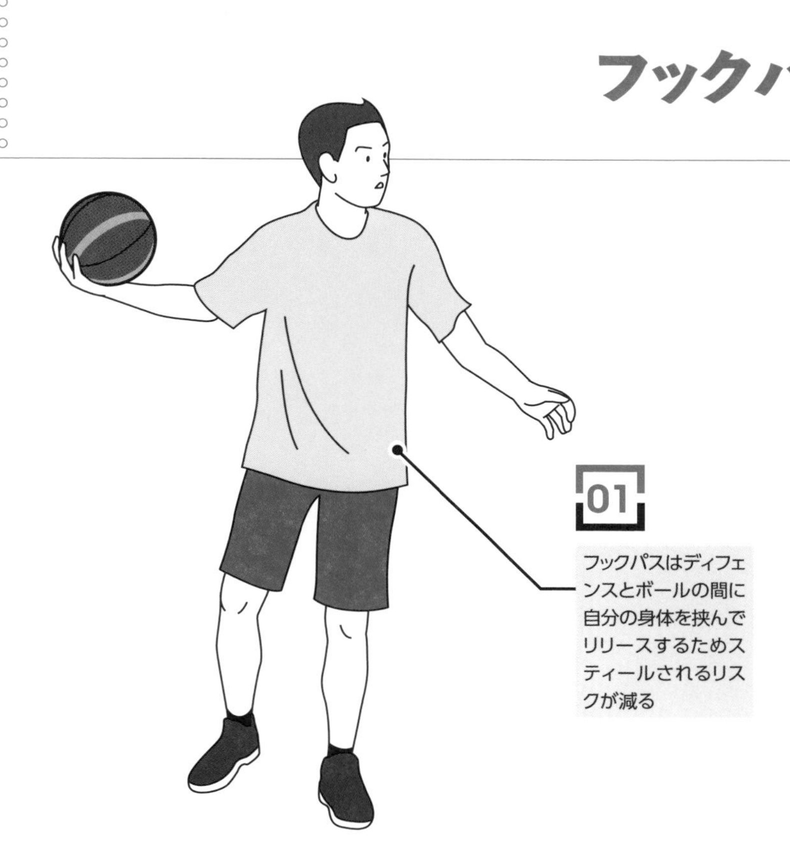

ボールを回して得た遠心力で素早いパスを出す

ディフェンスの頭上を超してレシーバーにボールを送るテクニックとして、80ページではジャンプパスを紹介しました。そしてさらに高い軌道を描くパスに、身体の横から片手でボールを持ち上げて出すフックパスがあります。フックパスはディフェンスとボールの間に自分の身体を挟んだ状態でリリースするため、ディフェンスにスティールされるリスクも軽減できます。

フックパスのリリースでは、ボールを手のひらで押し出しません。時々体側の近くでボールをリフトし、

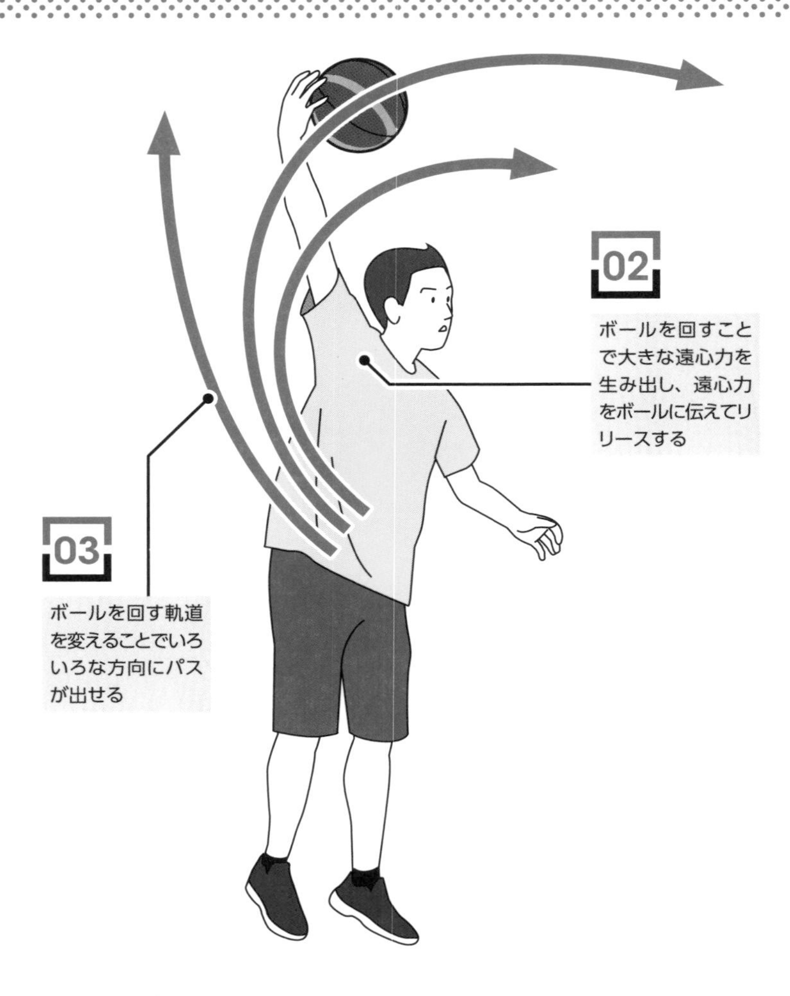

頭上からボールをリリースするフックパスを目にしますが、この方法では素早いパスを出すことができません。ボールを持った位置から頭上へ大きな軌道でボールを回すことで大きな遠心力を生み出し、この遠心力をボールに伝えてリリースします。体側の近くでボールをリフトするよりも、大きな軌道でボールを回すほうが圧倒的に素早いパスが出せます。

フックパスはボールを回す軌道を変えることでいろいろな方向にパスが出せます。身体の前で回すことで自分よりも斜め前へ、真横で回すことで側方へ、後方に向けて回すことで後方にボールを送ることができます。

ディッシュパス

01 片手でボールを底面から支え、レシーバーのほうへ流すようにパスを出す

密集した場面で小さなモーションから出すパス

ジャンプパスやフックパスは、主に中長距離への味方へのパスとして用います。ここで紹介するディッシュパスは、近くの味方にボールを送る方法の1つで「料理を乗せたお皿を出す」動きに似たパスになります。ディッシュパスは、ボールマンがゴール付近に侵入した際にダンカーポジション(※)で待ち構えていたり、ホイールムーブで移動してきた近距離のビッグマンにボールを送る際に用います。ゴール付近はショット成功率が高いため、ボールマンがゴール付近に侵入すると、ショットを阻

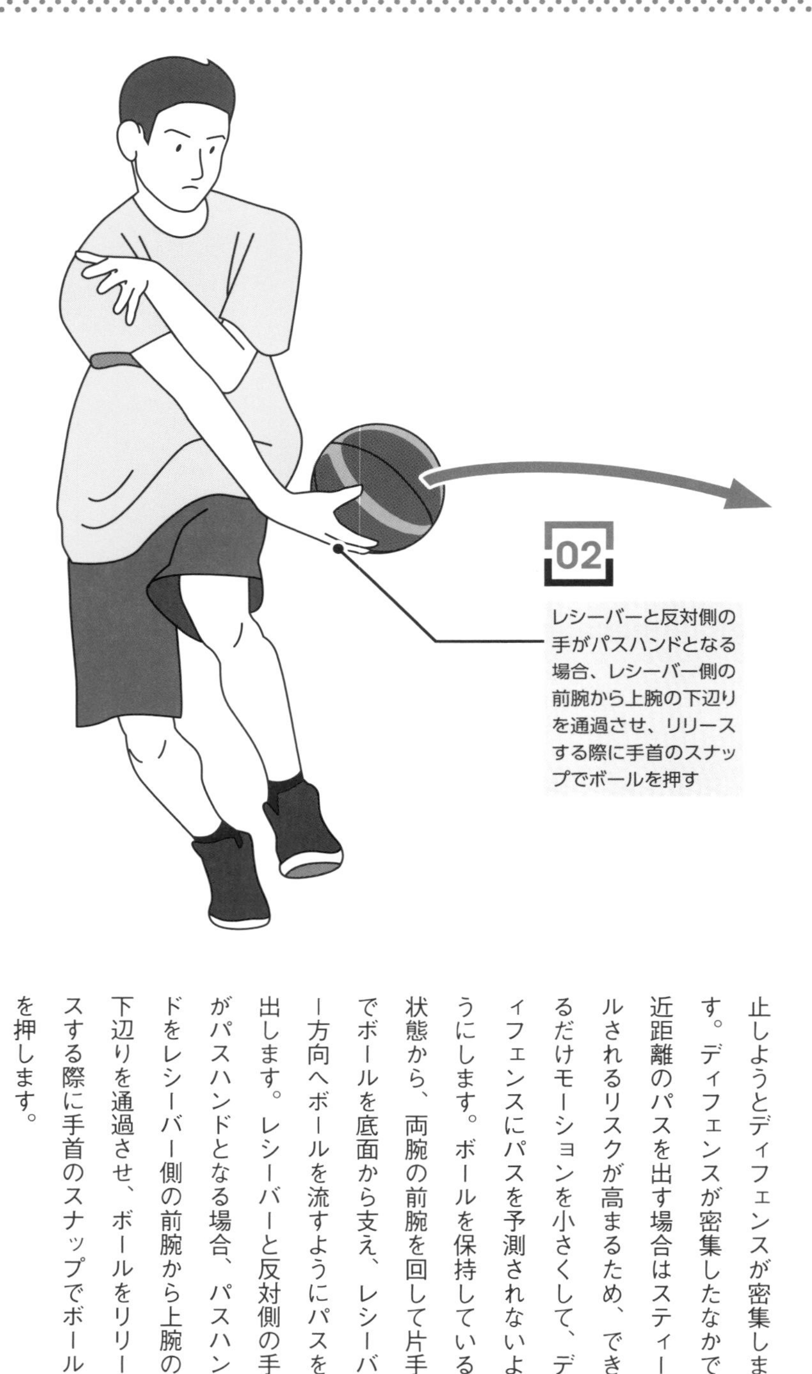

止しようとディフェンスが密集します。ディフェンスが密集したなかで近距離のパスを出す場合はスティールされるリスクが高まるため、できるだけモーションを小さくして、ディフェンスにパスを予測されないようにします。ボールを保持している状態から、両腕の前腕を回して片手でボールを底面から支え、レシーバー方向へボールを流すようにパスを出します。レシーバーと反対側の手がパスハンドとなる場合、パスハンドをレシーバー側の前腕から上腕の下辺りを通過させ、ボールをリリースする際に手首のスナップでボールを押します。

※ボールを持たない人が、ショートコーナーでパスを待つために立ち止まるとき、ショートコーナーは「ダンカースポット（ポジション）」と呼ばれる

レシーバーの胸に ボールを叩きつける

ハンドオフパスは、ボールマンがオフボールマンとのすれちがう時に、ボールを投げるのではなく直接手渡しするパスです。

ハンドオフパスでは、両腕の前腕を回し、ボールを上下から両手で挟み込み、身体の側方で保持します。レシーバーはボールマンと交差する際に、ボールマンの保持しているボールを取ります。しかしハンドオフパスは主にアウトサイドスクリーンとして用いられるため、ボールマンがボールを上下から両手で挟み込み、レシーバーがボールを取っていくの

を待っていたら、スクリーンを壊そうと突進してくるディフェンスにコンタクトされてファンブルしてしまいます。そこでボールマンはボールを上下から両手で挟み込んで一度身体の後方へとボールを引き、レシーバーと交差する際にレシーバーの胸にボールを叩きつけるように腕を振ってハンドオフパスを出します。腕を振る勢いがついているため、突進してくるディフェンスに対抗することができます。もちろん、レシーバーは胸に向かってボールが叩きつけられるため、片方の手のひらを胸の前で構えてボールの重心を捉える準備をする必要があります。

クイックパス

キャッチからパスまでを極力素早く行う

ここからは、ボールのキャッチからリリースまでにフォーカスしてテクニックを紹介します。

まずはボールをキャッチしてからパスを出すまでのボール保持時間が短い、素早い動作で行うクイックパスです。通常のパスキャッチでは肘を軽く曲げ、肘を曲げながらボールの勢いを吸収して停止させます。次に、肘の関節を伸ばすことによりボールをリリースします。しかし肘の関節の曲げ伸ばしが大きいため、ボールに触れてからリリースするまでに一定の時間を要します。クイック

パスでは、この一連の局面を短時間で行うことにより、ディフェンス側の対応を困難にします。

クイックパスでは、肘を軽く曲げて構え、一方の手のひらでボールの重心を捉え、肘の関節の少しの屈曲で勢いを殺すなや否や、肘を伸ばしてボールを押し出します。肘の関節の可動が小さいことから、キャッチからリリースまでを短時間で完了させることができます。クイックパスは、肘を極端に曲げたキャッチでもできますが、可能な限り早い段階でボールを処理した方が、ディフェンス側の対応が困難になるため、肘の関節をなるべく曲げないで出すほうが有効です。

パスの出し方②

タッチパス

01 ゲームでは片手で行うことが多い。ボールの半分よりも下辺りを指の腹で触れる

指の腹で弾いてリリースする

88ページで紹介したクイックパスはボールキャッチ後、素早くボールをリリースするパスでした。このボールキャッチ局面とリリース局面をほぼ同時に行うのが、空中にあるボールを弾いて出すタッチパスになります。クイックパスよりもさらに素早くボールを処理することができるため、ディフェンスの対応をより困難にすることができます。例えば、

02

肘をできるだけ曲げずにボールの半分よりも下辺りを指の腹で弾く。そうすることでレシーバー方向への力に加え上向きの力も加わる

2on1のアウトナンバーの場面で、ディフェンスがパスに反応した際に、タッチパスでボールをリターンするとディフェンスがボールマンに戻ることが難しくなります。

タッチパスも実際のゲームでは片手で処理するケースが多くなります。指の腹だけをボールに接触させ、手のひらは接触させません。ボールの半分よりも下辺りを指の腹で弾きます。また、より早い段階でボールを処理するためには、肘の関節をなるべく曲げないようにします。

タッチパスでは、指の腹で弾く力しか利用できないため、大きな力をボールに加えることができません。つまりボールリリース後のボールは重力により落下してしまうことになります。そのためタッチパスでは、ボールの半分よりも下辺りを指の腹で弾くことにより、ボールにレシーバー方向への力に加え、上向きの力も加えてレシーバーへとボールを送ります。

ランニングパス

関節の動きを連動させて爆発的な力を加える

走りながらパスを出すランニングパスは、ステーショナリーなパスと比べて走る勢いをボールに伝えることができます。そのためブレイクなどの場面で、バックコートのボールマンからフロントコートに走り込むオフボールマンにボールを送る際などに用いられます。

ランニングパスでは、チェストパスが用いられます。つまり、両手でボールをリリースするパスになります。両手でボールをリリースしますが、重要なポイントはボールの重心を捉え、両手でボールの中心付近に力を加えることです。パスキャッチからでも、ドリブルピックアップからでもパスを出す2歩目のステップ時には爆発的に各関節を可動させ、ボールの中心付近に大きな力を加えます。

厳密には股関節、膝関節、足関節、

肩関節、肘関節が順序よく連動し、効率よくボールの中心付近に力を加えることで、リリース局面でボールの中心付近に大きな力が加わります。各関節の連動が一瞬で行われるため、爆発的に各関節を動かす感覚があります。ウエイトリフティングのパワークリーンやジャークのようなイメージです。

このように、股関節や膝の関節を伸ばす力をボールの中心付近に加えるため、爆発的に各関節を動かす前の構えは、股関節や膝の関節が曲がっている状態になります。2歩目のステップへ入る前に、股関節や膝の関節が伸びてしまわないように注意しましょう。

ピッチパス

01 バウンドしてきたボールの重心をドリブルしていたほうの手のひらで捉える

ドリブルからボールを掴まずにパスを出す

ドリブルからのパスにはドリブルをしている状態から、ボールを掴まずに弾くようにして出すピッチパスもあります。主にビッグマンからハンドラーへの近距離のパスとして用いられます。

DHO（ドリブルハンドオフ）に見せかけてピッチパスを出し、ピック&ロールを実行します。つまり、ディフェンス側の準備を困難にすることができます。例えばDHOに対してはアンダー、ピック&ロールに対してはオーバーやスイッチで対応するなど、DHOとピック&ロールに対するディフェンスの対応が異なるチームに対して効果的です。

ピッチパスではドリブルでバウンドしてきたボールの重心をドリブルしていた側の手のひらで捉えます。

この時点では肘の関節は曲がっています。ボールの重心を手のひらで捉えたら、肘を支点にして前腕を回し、手がボールの外側から底面へと移動します。手をボールになぞらせるのではなく、手の向きの動きに合わせてボールも引っつく状態です。手がボールの外側から底面へと移動している局面で、腕を伸ばすことによりボールの中心付近に力を加え、指先でコントロールしてレシーバーへとボールを送ります。近距離のパスになるため、ボールに大きな力を加える必要はありません。小さなパスモーションでボールを送ることができます。

アリウープパス

01

リングの横にリングがもう一つあると想定しその仮想リングにショットを放つようにパスを出す

仮想したリングにショットを放つようにパスを出す

アリウープパスの出し方は、プレーによって数多く存在するため、ここではパスを出す位置について紹介します。

アリウープパスは、リングの横にリングがもう一つあると想定し、その仮想リングにショットを放つようにパスを出します。もちろん、レシーバーとのタイミングによっては仮想リングに対してライナーなパスを出すこともあります。ただし、読者の皆さんのチームにはアリウープパスのボールをキャッチしてリングに叩き込めるプレーヤーが多くはない

でしょう。それでもリング付近でのタップショットは有効です。タップショットはキャッチからショットまでの局面が短いため、ディフェンスの対応が困難になります。リング付近でタップショットをさせるためには、レシーバーの身長や身体能力を考慮し、リングの横にリングがもう一つあると想定した仮想リングの位置の高さを調整します。リングよりも低く調整した仮想リングにショットを放つようにパスを出し、レシーバーにタップショットを放たせます。タップショットの場合にも、レシーバーとのタイミングによっては仮想リングに対してライナーなパスを出すこともあります。

「テクニック習得のための練習」

流通経済大学スポーツコミュニケーション学科
RKU BASKETBALL LAB“バスラボ”
関根 加琳

バスケットボールは他の競技と比較して多く得点が入るため、得点するためのショットテクニックの習得が重要です。しかしショットのテクニックの習得については、「感覚」の一言で片付けられることがあります。おそらくその「感覚」とは、ショットフォームでそれぞれの関節が上手く連動した際に得られるものと考えられます。

ショットでは各関節の動きを連動させることでボールに大きな力を加えられ、楽にボールをリングにまで飛ばすことができます。私自身も膝や肘、手首などの各関節に意識を向けて練習し、ショットのテクニックを習得してきました。ただし各関節に意識を巡らすことにより混乱し、効率よくショットのテクニックを習得できないプレーヤーが存在するのも事実です。そうしたプレーヤーは、細かいことを意識することなく、「楽に放てる感覚」だけにフォーカスして練習に取り組む方がよいでしょう。まずは、自身がどのようにテクニックを習得するタイプかを知ることが重要になります。

PART 3

ショット

得点をするために必要不可欠になるのがショット技術です。徹底して守ってくるディフェンスに対して、瞬時に効果的なショットを選択できるように、まずはテクニックを身につけましょう。

ショットの基本①

バスケットボールのショットとは

他のスポーツにはない高いゴールにボールを入れる

バスケットボールの1試合の平均得点は80点程度です。一定の競技レベル同士の対戦であれば、どんなにディフェンスがよいチームであったとしても相手チームを0点に抑えることはできません。つまり、他のスポーツと比較して得点を取り合うスポーツと言えます。

得点を取るための唯一のテクニックがショットです。どんなにドリブルがうまくても、パスがよくても、ショットが拙ければ得点を得ることはできません。逆に高いショット力を習得していればディフェンスが迫って守ってきます。そうするとディフェンスがゴール側に位置することによって得られる有利性が低下しま

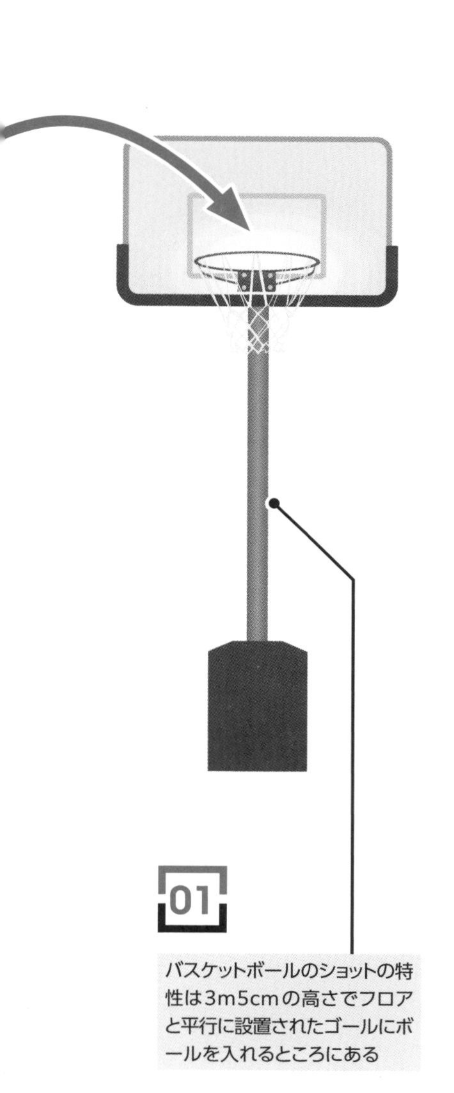

01

バスケットボールのショットの特性は3m5cmの高さでフロアと平行に設置されたゴールにボールを入れるところにある

02

ショットではゴールよりも高い弧を描く放ち方が必要になるため、微妙な力加減が求められる繊細なテクニックといえる

す。そうなれば難易度の高いドリブルテクニックを用いなくても、少しドライブラインを変えるだけでディフェンスをドライブラインから外すことができ、容易にゴールに近づくことができます。

またショット力の高いプレーヤーがドライブすると、成功率の高いゴール付近でのショットを放たせまいと複数人のディフェンスがドライブラインに密集し、ゴール付近への侵入を阻止します。ディフェンス陣がドライブラインを潰そうとすればするほど、オフボールマンとのパスコースが開けます。そうなると高いパスのテクニックを用いなくても比較的容易なパスによってノーマークとなったオフボールマンにパスを出すことができます。つまりショットは、バスケットボールにおいて最も重要なテクニックと言えます。

他の多くのスポーツでは、ゴールはフロアと垂直に設置されているためライナー性のショットが多用されます。一方でバスケットボールではダンクショットやバンクショットを除くと、ライナーなショットでは、３ｍ５㎝の高さでフロアと平行に設置されたゴールにボールを通過させることはできません。

つまりゴールよりも高い弧を描くショットが求められます。したがってバスケットボールのショットは、微妙な力加減が求められる繊細なテクニックと言えます。

フリースローの基本的な身体操作

01

ショットハンド側の足よりも前に反対側の足を置かないことが基本的な身体操作になる

身体特性に合わせて足の位置を微調整する

ショットは前腕の使い方によって、オーバーハンドスローとアンダーハンドスローに分けられます。

オーバーハンドスローはゴール付近でも用いられますが、アウトサイドでのショットはほぼオーバーハンドスローで放たれます。ショットの位置がリングから離れるほど、手元での少しのズレがリングに到達する頃には大きなズレとなります。ですからアウトサイドからのショットでは、いかに左右にずれることなく、まっすぐリングに向けてボールをリリースするかが重要です。このアウトサイドでのオーバーハンドスローには基本となる身体操作がありますが、その基本が全てのプレーヤーに有効とは言い切れません。それぞれの骨格や筋量などが異なるため、基本とされる身体操作では、リングに向けてまっすぐボールをリリースすることができないプレーヤーも数多く存在します。ただしフロアに足を接地した状態で放つワンハンドセットショットでは、ショットハンド側の足よりも前に反対側の足を位置させないことが基本的な身体操作になります。なぜなら、そうしないとショットの成功率が格段に落ちてしまうからです。このことを踏まえたうえで、「足を平行にしたほうがよいのか」「ショットハンド側の足をどのくらい前に置いたほうがよいのか」といった微調整を、それぞれの身体特性に合わせて行う必要があります。

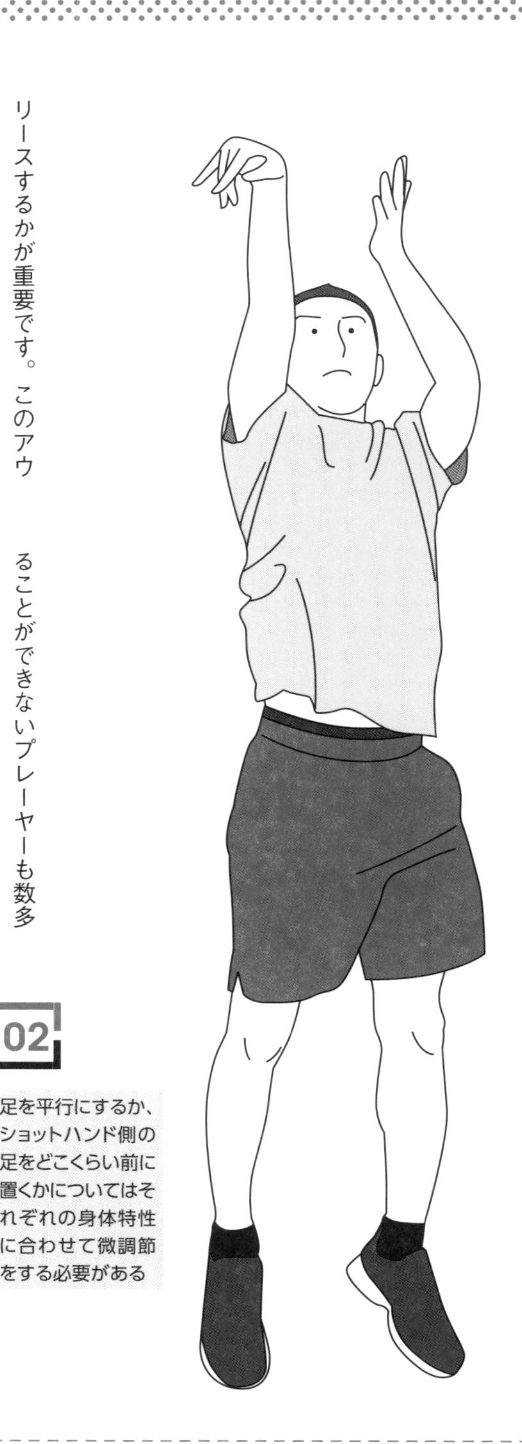

02

足を平行にするか、ショットハンド側の足をどこくらい前に置くかについてはそれぞれの身体特性に合わせて微調節をする必要がある

レイアップの基本的な身体操作

人の身体は対角にある腕と脚とが伸びることによって力を発揮しやすい構造をしている

対角にある腕と脚が伸びることで力を発揮する

ゴール付近で用いられるショットでは、アンダーハンドスローも用いられます。ゴール付近のショットは身体操作が多少狂ったとしても、ボールがリングに到達するまでに大きなズレは生じません。

アンダーハンドスローのショットの代表例はレイアップショットになります。例えば右手で放つレイアップショットでは、1歩目が右足、2歩目が左足という2ステップが基本になります。右手で放つ際になぜ左足で踏み切るのかを、人の基本動作から解説します。走る時は、右脚が

伸びている時に左腕が伸びます。このように人の身体は、対角にある腕と脚が同時に伸びることによって力を発揮しやすい構造をしています。つまり右腕を伸ばしてレイアップシュートを放つ場合は、左足を踏み込んで伸ばすことで力を発揮しやすくなるのです。したがって、レイアップシュートの基本的な身体操作は、シュートハンドと逆側の足で踏み切ることになります。このように、我々にとって当たり前と思える身体操作に対して、その理由を探ってみるとより深くバスケットボールを理解することができます。

ショットを狙うシチュエーション

01

期待値の高いショットが放てるシチュエーションでは積極的にショットを放つ。例えばゴール近辺のショットやオープンの3ポイントショット、ピック＆ロールからのプルアップジャンパーなど

基本的には期待値が高いショットは積極的に放つ

ショットを狙うシチュエーションは、ほぼ期待値の高いショットが放てるシチュエーションと言い換えることができます。期待値の高いショットとしては、主にゴール近辺のショットとオープンの3ポイントショット、ピック&ロールからのプルアップジャンパーなどが挙げられます。こうしたシチュエーションでは、積極的にショットを狙うべきです。

しかしこのようなシチュエーションであってもショットを放つべきではない場合があります。例えば、ゲームの残り時間が少なくリードして

02 ゲームの残り時間が少なくリードしているシチュエーションではショットを放たないという選択も必要になる

いるシチュエーションでは、得点を得ることよりも時間を消費することのほうが優先される場合もあります。ショットクロックが残っている状況でオープンの3ポイントショットを放てる機会が訪れたとしても、ショットが失敗に終わる可能性もあります。場合によっては期待値の高いショットを放つことにより、相手チームに逆転の機会を与えてしまうかもしれません。したがってショットを狙うシチュエーションは、ほぼ「期待値の高いショットが放てるシチュエーション」ではあるものの、ゲームの残り時間が少なく得点でリードしているシチュエーションでは、当てはまらないケースも存在します。

セットショット

楽に心地よく放てるショット軸を見つける

止まった状態から一連のモーションでボールを放つセットショットでも、大切なポイントはボールの重心を手のひらで捉えることです。ショット距離が長くなるとボールに大きな力を加える必要があるため、腕だけの力では不十分です。股関節や膝、足首を伸ばすことでフロアを押し、それによって生じる地面からの力をボールに伝えます。

このときに指の腹しかボールに触れていないと下半身で生み出した大きな力に指の力が負けてしまい、効率よくボールに力を伝えることがで

きません。そのためにもボールに手のひらを介して下半身からの力を確実にボールへ伝え、手首を返して人差し指と中指、もしくはどちらかの指の腹でボールを押し出します。

また重要になるのはショットの際の軸を知ることです。ここでは、地面からの力が通るイメージ上の身体ラインのことをショットの軸と呼ぶことにします。私のショットの軸は身体の中央よりもやや右側になります。ショットの軸は人それぞれ異なり、右足を前にした状態でもショットの軸は左足側というプレーヤーもいます。自分の軸でショットを放てている時は、スムーズで心地よくショットを放つことができます。

ジャンプショット

ジャンプの最高到達点でショットを放つ

人によってはセットショットをワンモーションで放ちます。ワンモーションでは、脚と腕が伸び始めるタイミングは異なりますが、伸びている局面は重なります。一方、最高到達点でボールを放つジャンプショットはツーモーションで放ちます。ただしボールをリフトする軌道や関節の動かし方はワンモーションと同じです。

ジャンプショットは最高到達点で

01

最高到達点でショットを放つために股関節や膝、足首の関節を伸ばし、肘を上げながらジャンプするボールを放つため、股関節や膝、足首の関節を伸ばし、肘を上げながらジャンプします。この時点で上半身の形はワンモーションの腕を伸ばしの出す前と同じ状態になります。最高到達点に達する少し前のタイミングで腕を伸ばし始め、最高到達点でボールが指の腹から離れます。このタイミングが早いとリリースポイントが低くなり、ブロックショットされるリスクが高まります。逆にタイミングが遅いとジャンプによってボールに伝わった慣性がなくなってしまい、腕の力だけでボールを押し出すことになります。そのため力んだショットになりやすく、ショットフォームが変わってしまうリスクが高まります。また全力でジャンプすることも力んだショットにつながります。

私の感覚では70％くらいの力でジャンプすると、ゲーム終盤でも同じフォームでのジャンプショットを放つことができます。

最高到達点に達する少し前に腕を伸ばし始め、最高到達点でショットを放つ

タイミングが早いとリリースポイントが低くなり、タイミングが遅いと力んだショットになりやすい

感覚として70％くらいの力でジャンプすると安定してショットを放てる。この％は人によって異なるため自分のベストを見つけることが大切

ショットテクニック③

プルアップジャンパー

03

ストップからショットまでできるだけ短時間で行うことで確率の高いショットが放てる

バウンドしたボールを低い位置で捉えて瞬時に放つ

近年では、どのカテゴリーにおいてもピック&ロールが多用されています。ピック&ロールではハンドラーがドリブルで移動している状態から急激にストップし、素早く飛び上がりジャンプショットを放つプルアップジャンパーを放つケースがあります。このようなケースでは、ドリブルを突く時点でプルアップジャンパーを放つまでの判断ができていることが理想です。この判断ができていれば、バウンドしてくるボールを低い位置で捉えるようにします。なぜなら股関節や膝、足首の関節が曲

ハンドラーがドリブルで突破をはかる

急激にストップをし、バウンドしてくるボールを低い位置で捉えてショットモーションに入る

がっている姿勢ができているため、そのままジャンプショットにつなげることができるからです。もしもバウンドしてくるボールを高い位置で捉えてしまうと、股関節や膝、足首が伸びた状態になります。そこからジャンプショットを放つためには、一度股関節や膝、足首の関節を曲げる動作が必要になります。この動作が加わるだけでディフェンスが適切な位置につく可能性があります。

プルアップジャンパーでは、バウンドしてくるボールを低い位置で捉え、ボールリリースまでを短時間で完了させることにより、よりフリーな状態の確率の高いジャンプショットを放つことを図ります。

ステップバックショット

03

床反力を利用して後ろに下がる動きの慣性をなくし、瞬時にショットを放つ

リトリートドリブルから瞬時に判断し放つショット

ドリブルしている状態からリングから離れるステップをした直後に放つステップバックショットは、リトリートドリブルの続きとして捉えると理解しやすくなります。

リトリートドリブル（46ページ）で紹介したように、ステップバックする目的はディフェンスとの間合いを広げて選択肢を増やすことです。そのため3ポイントフィールドゴールエリアにステップバックする選択を除くと、ディフェンスとの間合いがある状態でステップバックショットを選択する必要はありません。

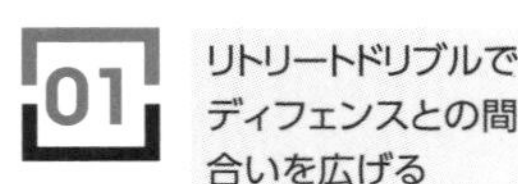
01 リトリートドリブルでディフェンスとの間合いを広げる

02 この段階ではショットの判断をしておらずディフェンスと駆け引きをしている状態

ステップバックショットではリトリートドリブルでリングから離れるステップを踏み、ドリブル時のトリプルスレットの局面からショットを選択します。つまりリングから離れるステップを踏んでいる段階ではショットの判断はしておらず、ディフェンスとの駆け引きをしている状態になります。

ステップバックショットのステップの距離が長ければディフェンスとの間合いが広がります。しかし身体にはリングから離れる慣性が大きくかかってしまいます。床反力を利用して後方への慣性をなくし、ショットにつなげられる程度の距離にステップをとどめることが大切です。

ターンアラウンドショット

身体の側方でボールをリフトしてショットを放つ

これまで紹介したショットはコート上のどのエリアでも放ちますが、ターンアラウンドショットは主にゴール付近からミドルレンジで用います。動きとしてはゴールを背にしてボールを保持した状態から、片足を軸にフロントターンをしてショットを放ちます。

ゴール付近のショットは3ポイントフィールドゴールエリアからのショットと比較して、リングまでの距離が近いためショット成功率が高くなります。そのためディフェンスがタイトに守ってきます。ターンアラ

ウンドショットはディフェンスが密接している状況で用いるため、リフト時にスティールされないよう身体の側方でボールをリフトする必要があります。身体の側方でボールリフトしたらジャンプショットと同様の体勢を作って放ちます。

ターンアラウンドショットでは、フロントターンによる慣性が身体にかかるため、ステップバックのように床反力を利用して慣性をなくすことが重要です。身体にかかる慣性をなくした時にはショットの軸が整っているようにし、そこからジャンプショットを放ちます。

フェイドアウェイショット

無理なくショットを放てる距離で行う

フェイドアウェイショットはゴールから遠ざかるようにのけぞり、後方にジャンプしながら放つショットです。後方にジャンプしながら真逆の前方のリングにショットを放つため、後方への移動による慣性に対抗しながらボールを前に飛ばすため難しいテクニックになります。

まずは自分が後方へ飛んでも無理なくショットを放てる距離を知る必要があります。フェイドアウェイショットでは、ショットハンド側の脚をあげることにより空中でのバランスをとることがポイントです。ショ

ディフェンスがタイトな時の選択肢の1つがフェイドアウェイショットになる

ットハンド側の足が後方にある状態で踏み切った場合には、空中でショットハンド側の足を前方に回します。この時に身体に回転する慣性がかかりますが空中で身体が回転するため、床反力を利用して慣性をなくすことができません。そのためボールをリリースするタイミングが重要です。

ジャンプショットの肘の関節が動き出す前の体勢ができたら、身体が回転している間にショットの軸に当てはまる瞬間が訪れます。ショットの軸が整ったタイミングで肘の関節を伸ばしてショットを放ちます。

レイアップショット

01

バックボードに対して斜めの角度から侵入する。常にディフェンスから遠いほうの腰の辺りでボールを保持する

バックボードにボールを当ててリングにボールを入れる

ゴール付近でのショットの代表例であるレイアップショット。人の身体は、極端に小さい力の発揮による微調整を苦手としています。そのため、バックボードに対して斜めから侵入できる状況であれば、バックボードにボールを当ててリングに入れます。当てる位置は右側からのレイアップであればバックボードの小さい四角の右上部、左側はその逆になります。

リング右側からのショットは、自分の左側にディフェンスが位置するケースが多いため、ディフェンスか

ら遠い右手でショットを放ちます。ステップ中に陥りがちなミスが、1ステップ目にボールを身体の左側へと移動させてしまうことです。リング右側からのショットは、左側にディフェンスが位置するケースが多いため、ボールを身体の左側へ移動させるとカットされやすくなります。常にディフェンスから遠いほうの腰の辺りでボールを保持し、ステップを踏みます。腰の辺りからバックボードへボールを送り出すため、手のひらが完全にボールの真下に入る状態ではなく、ボールの下部の外側あたりに触れるようにします。

クローズアップショット

並走しているディフェンスに
レイアップと見せかける

レイアップから切り替えるランニングショット

クローズアップショットは、ショットハンド側の前腕を内側に捻って構え、その状態のままセットショットのように放つランニングショットです。並走しているディフェンスにレイアップショットに見せかけて、クローズアップショットに切り替えることにより、ブロックショットをかわすことができます。

レイアップショットの場合は、ボールをリリースする際に進行方向と反対側に力を加えることができます。つまり、ランニングによって生じるボールへの勢いを緩めることができ、

02

リングから比較的離れた位置からでも勢いよくジャンプして放つことができます。一方でクローズアップショットは、進行方向と反対側に力を加えることができません。したがって、クローズアップショットは上方向にジャンプをしてショットを放つことが求められます。上方向にジャンプすることができれば、レイアップショットと同様にバックボードの小さい四角の上部を目掛けて放つようにします。右側からのショットは右上部、左側からのショットは左上部を狙います。

クロスオーバーショット

01

サイドから反対側のサイドへとミドルラインを横切るように移動する

リングを味方につけてブロックされずに放つ

クロスオーバーショットは、サイドから反対側のサイドへとミドルラインを横切りながらステップを踏んで放つショットです。クロスオーバーショットの利点はリングを横切ってショットを放つので、ディフェンスにとってはリングが邪魔になりブロックショットのリスクが軽減されることです。ただしレイアップショットと同様に、1ステップ目でリング側にボールを移動させてしまうとスティールされるリスクが高まります。クロスオーバーショットでも、常にディフェンスから遠いほうの腰

辺りでボールを保持してステップを踏みます。

クロスオーバーショットで陥りがちなミスは、ステップを踏んでいる間にリングから離れすぎてしまい、ショットの成功率が低くなることです。リング側のディフェンスを避けようとしてリングから離れてしまうのですが、これではリングがブロックショットから守ってくれるというクロスオーバーショットの利点がなくなってしまいます。クロスオーバーショットの利点を最大限活かすためには、ミドルラインを横切るステップを踏みながら、最終的にはリング付近でボールをリリースするようにします。

ショットテクニック⑩

レイバックショット

リングを見上げて上体を起こし
リングの近くでリリースする

レイバックショットはゴール下でリングを背中越しにした状態で、エンドラインに近いほうの手で放つショットです。クロスオーバーショットと同様に、ディフェンスにとってはリングが邪魔になるため、ブロックされにくいショットになります。

初心者に陥りがちなミスはリングを見上げないことです。リングを見上げないと上体が前傾した姿勢になるため、リリースする位置がリングから離れてしまいます。リングを見上げることで上体が起き、リングの近くでボールをリリースすることができます。またレイバックショットでもバックボードに対して身体の角度を作れる場合には、バンクショットを用います。ボールを当てる位置はレイアップショットと同様です。

レイバックショットはディフェンスにブロックされにくいショットですが、それでもブロックされそうな場合があります。その場合にはリングから少し離れ、バックボードに向かってボールをリリースします。リングから少し離れた場合は前腕と手首を小指側に捻ることでボールにスピンをかけ、バックボードに描かれている小さい四角の縦辺の上部よりも外側の位置にボールを当てることにより、バックボードにあたったボールはリングへと向かいます。

01
リングを背中越しにショットを放てる位置まで移動してショットモーションに入る

ショットテクニック⑪

リーチバックショット

リングの真下を通るようなドライブの状況

早いタイミングでボードに当てるショット

エンドラインから遠いほうの手で放つリーチバックショットは、主にバックボードに対して身体の角度を作れない場合に用います。ドライブのコースがリングの真下になる状況です。バックボードに対して身体の角度が作れないため、ショットハンド側の前腕と手首を親指側に捻ることでボールにスピンをかけ、ボールがバックボードに当たった後に、リングへと向かうようにコントロールします。ただし意識的にボールにスピンをかけなくても、ボールの下部の外側辺りに触れた状態で持ち上げると、肩関節の動きが止まった時点で肘の関節を支点として前腕が親指側へと捻られます。この動きによって自然とボールにスピンがかかります。

バックボードに当てる位置はバックボードに描かれている小さい四角の縦辺の下部になります。リーチバックショットはバックボードにボールを当てる位置が低いため、レイバックショットと比較して早いタイミングで当てることができます。ディフェンスはバックボードに当たった後のボールに触れるとバイオレーションになるため、ブロックを避けるために早いタイミングでバックボードに当てるショットとしても有効です。

パワーショット

01

背中をフラットにして骨盤が前傾したコンタクトしてもバランスが崩れない力強い姿勢からジャンプしてショットを放つ

コンタクトして相手を跳ね除け力強い姿勢でショットを放つ

ゴール付近において両足で踏み切って放つパワーショットは、ディフェンスとのコンタクトが前提で、コンタクトを跳ね返すように力強くジャンプして放ちます。またパワーショットはパワードリブル（48ページ）と組み合わせて用いることもあります。

近年、ゴール付近でのコンタクトの弱さが指摘される日本では必須のテクニックです。もちろんパワーショットに至る前にディフェンスを跳ね除け、ショットコースをクリアにしてショットを放つようなコンタクトも求められます。

02 ディフェンスから遠いほうの側面でボールをリフトする

パワーショットではバックボードのボールを当てる位置に身体を正対させると、ボールをディフェンスにさらしてしまうためスティールされるリスクが高まります。そこでバックボードと身体の面を平行にし、ディフェンスから遠いほうの側面でボールをリフトします。これによってディフェンスとボールの間に空間と身体を位置させ、スティールされるリスクを減らします。また腰や背中を丸めず、背中がフラットになり、骨盤が前傾し、コンタクトしてもバランスが崩れない力強い姿勢からのジャンプが必要になります。

ダブルクラッチ

01

最後のステップの足がフロアから離れる瞬間以降にダブルクラッチを仕掛けるかを判断する

踏み切った瞬間以降にクラッチの判断をする

　ディフェンスの身長が高かったり、ジャンプ力があったりすると、パワーショットでどんなに力強くショットを放ったとしてもブロックショットの餌食になってしまいます。そこで空中でショットモーションを止め、切り返してから再びショットモーションに入るダブルクラッチにより、ブロックショットをかい潜ってショットを放ちます。

　ダブルクラッチでは、空中でショットモーションを止め、切り返してから再びショットモーションに入るため、一定の滞空時間が求められます。つまりある程度の身体能力が必要になりま

す。身体能力の有無によって、無理にダブルクラッチを習得するよりも他のショットを選択したほうがよいことを理解しておきましょう。

競技レベルが高くなるとディフェンスはダブルクラッチの仕掛けを簡単に見抜きます。したがってダブルクラッチを選択する局面は、飛び上がる最後のステップの足がフロアから離れる瞬間以降になります。ダブルクラッチをやろうと思ってステップを踏みはじめるのではありません。ステップを踏み始める時には他の選択肢が存在している必要があります。ダブルクラッチの方法はいろいろあるので様々な方法にチャレンジしてみてください。

ショットテクニック⑭

フックショット

ディフェンスに対して横向きでリリースする

フックショットはディフェンスに対して身体を横にし、ディフェンスから遠いほうの手でボールをリフトしてから頭上を通過させて放ちます。身体の幅の分だけディフェンスからボールを離してリリースできるため、ブロックされるリスクを軽減できます。なお以前にジャバーが用いたスカイフックは難易度が高すぎるためここでは扱いません。

ディフェンスから遠いほうの側面で肘を曲げた状態で保持したボールを真上にリフトし、手首のスナップを使ってリリースします。ショットリリース時にディフェンスと正対してしてはいけません。なぜならショットリリース時にディフェンスと正対してしまうとボールとディフェンスとの距離が作り出せなくなり、ブロックされるリスクが高くなるからです。

リリース後に身体が回転してディフェンスと正対しても問題はありませんが、ボールが手から離れるまではディフェンスに対して身体が横向きになっている状態を保ちます。

02

ディフェンスに対して身体を横にし、ディフェンスから遠いほうの手でボールをリフトする

01

ディフェンスに対して横向きに足を置く

03
身体はディフェンスに対
して横向きのままボール
を真上にリフトする
04
リリース時にディフェ
ンスと正対しないよう
に注意する

スクープショット

01

自分よりも圧倒的に身長が高かったり、ジャンプ力があるディフェンスに対してスクープショットが有効

通常のレイアップよりも高い軌道を作る

ゴール付近ではダブルクラッチやフックショットなどでディフェンスをかい潜ることでブロックショットをかわします。しかしディフェンスの身長が圧倒的に高かったり、ジャンプ力があったりすると、どんなに巧みにかわそうとしてもブロックショットの網に引っ掛かってしまいます。そこで通常のレイアップショットよりもボールを高く投げ上げるスクープショットにより、ディフェンスの手が届く範囲よりも上にボールを通過させます。レイアップショットに対して横から飛んできたビック

マンにブロックされそうになった場合などに用います。

スクープショットでは、手首のスナップを使ってボールを手のひらや指先で転がすことにより小さなアーチを作り出し、通常のレイアップよりも高い軌道を作ります。腕を伸ばした状態で振り上げるとより高いアーチとなりブロックのリスクは軽減できますが、ボールの軌道が長くなるためにコントロールが難しくなります。スクープショットの目的はボールをディフェンスの手の上を通過させることですから、リング付近で小さなアーチを作り出すだけで十分です。

フローターショット

主にビッグマンが正面にいる状況で用いる

素早いリリースを優先して高いアーチのショットを放つ

フローターショットは、アーチを意識的に高くするようにボールを浮かすオーバーハンドでのショットで、主にビッグマンが正面にいる場合に用います。フローターショットでは、ショットハンド側の膝を引き上げてくることによって上体を起こします。またセットショットと同様に、自身のショットの軸を空中で作り出します。フローターショットでも基本は手首を返し、指の腹でボールを押し出します。しかしゴール付近でのショットはアウトサイドからのショットほど繊細なコントロールを必要と

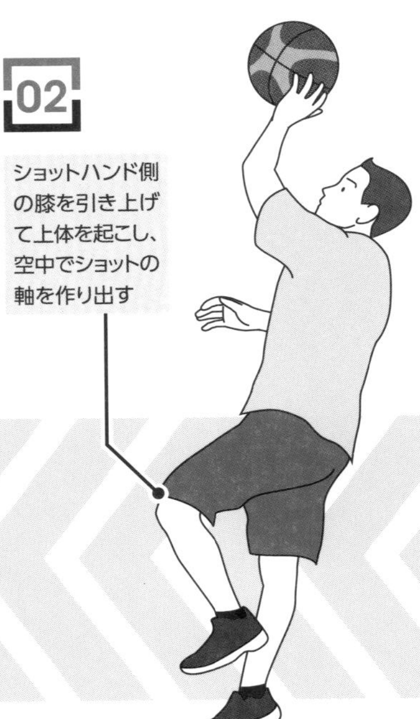

02

ショットハンド側の膝を引き上げて上体を起こし、空中でショットの軸を作り出す

03

手のひらでボールを押し出す感覚。繊細なコントロール以上に素早いリリースを優先する

しません。ゴール付近でのショットはディフェンスとの間合いが短いため、繊細なコントロールよりもより素早いリリースのほうが優先されます。そこでセットショットのように完全に手首を返して指の腹でボールを押し出すのではなく、前腕と手のひらが一直線になる少し手前でボールをリリースします。前腕と手のひらが一直線になる少し手前でボールをリリースしますが、腕は伸びている状態になります。

セットショットではボールを手のひらで転がす感覚がありますが、早いタイミングでボールをリリースするフローターショットでは手のひらで押し出す感覚になります。

タップショット

最高到達点にたどり着く前にボールを手に当てて弾く

オフェンスリバウンドを獲得する機会の多いゴール付近では、オフェンスリバウンドを獲得して着地すると、ディフェンスに囲まれてショットの機会を失う可能性があります。余裕をもってオフェンスリバウンドを獲得できる場面では、空中にあるボールをリングに向けて指の腹や手のひらで弾くタップショットが有効です。

タップショットではボールを弾きますが、瞬間的にボールの重心を指の腹で捉え、指先でボールの進行方向をコントロールします。、確実にショットを成功させるために、指の腹

によるコントロールを疎かにしないようにしましょう。

タップショットは、ビッグマンやジャンプ力の高いプレーヤーであれば、ジャンプをした最高到達点で手に当てるだけで十分リングにボールを届けることができます。しかし、そうでないプレーヤーはリングにまでボールを弾くことができません。

タップショットで重要なポイントはジャンプするタイミングになります。ボールを手に当てるのは、身体がまだ上方へと向かっている状態になります。身体が上方へと向かう力をボールに伝えることにより、ボールを確実にリングにまで弾き出します。

おわりに

本書では、バスケットボールプレーヤーの身体に隠されたコツを言語化することにより、小中高生やコーチが、さらにレベルアップを目指す際の助けとなることを図りました。ただし、本書の内容を頭で理解したとしても、テクニックを習得したことにはなりません。

テクニックを習得する際には、理解した内容を繰り返し身体に落とし込む過程が必須となります。しかし、闇雲に練習を繰り返すことは、効率的ではありません。そこで本書の「言語化したコツ」を活用することで、皆さんの練習は効率的なものとなるでしょう。そして、習得できたと感じた時には「こういうことか」と本書の内容に共感することでしょう。もちろん本書の内容とは異なるコツをつかむこともあります。その場合にはぜひ、コツを言語化してください。言語化された新たなコツは、必ず他のプレーヤーたちがテクニックを習得する際に役立ちます。

ゲームで必要となるのは、起こりうるプレッシャー下でテクニックを発揮するためのスキルです。したがって、テクニックをいくら高い水準で実行できるようになっても、スキルがなければゲームでテクニックを活用することはできません。テクニックと合わせてスキルも磨いていくことが求められますのです。ただし、テクニックがなければスキルが向上することはありません。高い水準で習得されたテクニックは無意識下で実行することができるため、脳の多くを判断に利用することができます。すなわち、高いスキルの発揮です。そこで、本書ではあえてテクニックにフォーカスしました。本書によりテクニックについて理解した読者の皆さんは、次のステップとしてテクニックの習得とスキルの理解と習得を目指してください。さらに、その先には戦術の理解と戦術に紐づいたテクニックとスキルの習得といった段階が待っています。

本書をきっかけとして、テクニックについて理解した読者の皆さんは、テクニックのみにとどまらず、スキル、戦術へと学びを進めていってください。その学びは、読者の皆さんの更なるパフォーマンス向上につながっていくことでしょう。

佐藤賢次
小谷 究

著者紹介

佐藤賢次（さとう・けんじ）

川崎ブレイブサンダースHC

1979年奈良県生まれ。細かい技術の指導や考え方に定評があり、中学生時代はそのプレーぶりから「奈良のマイケル・ジョーダン」と呼ばれ、全国にも名を知られた存在であった。現役時代は東芝の主将を務めた。2011年の引退後は東芝（現・川崎ブレイブサンダース）でアシスタントコーチを務め、2019年より川崎ブレイブサンダースのヘッドコーチに就任。2022年はクラブ史上初の天皇杯2連覇に導く。

小谷 究（こたに・きわむ）

流通経済大学准教授

1980年石川県生まれ。流通経済大学スポーツ健康科学部スポーツコミュニケーション学科准教授。日本バスケットボール学会理事。日本バスケットボール殿堂『Japan Basketball Hall of Fame』事務局。日本体育大学大学院博士後期課程を経て博士（体育科学）となる。主な著書に『「次はどう動く？」バスケット脳を鍛えるプレー問題集』（辰巳出版）、『バスケットボールが科学で強くなる!』（日東書院本社）、『バスケットボールセットプレー88』（エクシア出版）、などがある。

●編集
佐藤紀隆（株式会社Ski-est）
稲見紫織（株式会社Ski-est）
http://www.ski-est.com/

●カバーデザイン
三國創市（株式会社多聞堂）

●本文デザイン＋DTP
三國創市（株式会社多聞堂）

●イラスト
楢崎義信

●写真提供
川崎ブレイブサンダース

●執筆協力
飯田祥明（南山大学）
松藤貴秋（中京大学）
関根加琳（流通経済大学）
平賀かりん（流通経済大学）

ドリブル パス ショット バスケットボール解析図鑑

2023年1月11日　第1刷発行

著　者　佐藤賢次 小谷 究
発行人　永田和泉
発行所　株式会社イースト・プレス
〒101-0051
東京都千代田区神田神保町2-4-7久月神田ビル
Tel.03-5213-4700／Fax.03-5213-4701
https://www.eastpress.co.jp
印刷所　中央精版印刷株式会社

ISBN 978-4-7816-2161-6

JN103385